文芸翻訳教室

越前敏弥
Toshiya Echizen

研究社

Copyright © 2018 by Toshiya Echizen

文芸翻訳教室

PRINTED IN JAPAN

はじめに

　この本は、おもに文芸翻訳、中でも小説の翻訳に取り組みたい人のために、その基本から実践までを解説したものです。人によってはかなりむずかしいと感じる記述も含まれているでしょうが、最初からすべてこなせる必要はありません。逆に、長く勉強してきた人や、すでになんらかの形で翻訳の仕事をはじめている人にとっても、新たな発見がいくつもあると思います。

　この本は3部構成になっています。

　第1部「文芸翻訳のツボ」は、文芸翻訳に取り組むうえで最も重要な10項目に関して、いくつかの短い設問を提示し、じっくり解説していきます。最初からすべて正解する必要はまったくなく、わからなければ解説を読みながら文芸翻訳の奥深さや楽しさを感じとってもらえればじゅうぶんです。翻訳という作業のために、どんなふうに頭を働かせ、何をしていけばいいかに意識を向けてください。

　第2部「文芸翻訳の実践」では、やや長めの英文（半ページから1ページ程度）を実際に訳してもらい、それぞれの訳出にあたって注意すべきことを細かく指摘していきます。第3問からは、初学者の訳文の例を示し、わたしの訳文と比較する形で改善点を示します。最後の問題では、初学者3人の訳文を見ながら、質疑応答を交えた談話形式で解説を進めます。
　ここでは、できるかぎり、まず自分の訳文を作ってから、解説とわたし

の訳文を読んでください。自分で訳さずに読むだけでも、少しは意味があるかもしれませんが、頭のなかだけでわかった気になっても実際に書くとうまくいかないことは、翻訳の世界では非常によくあります。

　第3部「文芸翻訳の現場」では、まず、出版翻訳の仕事できわめて重要な作業であるリーディング（シノプシス作成）について解説します。要領を簡単に説明したあと、シノプシスの実例をふたつ載せてあります。1番目の *The Forever Year*（訳書『父さんが言いたかったこと』、新潮社）については標準的なシノプシスだけを、2番目の *Dissolution*（訳書『チューダー王朝弁護士シャードレイク』、集英社文庫）については生徒のシノプシスの添削例も紹介しました。原書を入手できなければ訳書でもかまわないので、まず作品そのものを一読したうえでこれを見てもらえると、より効果があがります。もちろん、自分でもシノプシスを書いてみるのがいちばんです。
　さらに、企画持ちこみの方法、あとがきの書き方、翻訳者の心構えについてもふれます。

　この本で翻訳全般についての話をするにあたって、最初に書いておきたいのは「翻訳とはどんな仕事か」ということです。そのために、少しまわり道になりますが、翻訳の前段階、そして翻訳と似て非なるものとされる「英文和訳」について、まず考えてみましょう。

■「英文和訳」のめざすもの
　わたしは大学受験時代に駿台予備学校に2年かよい、伊藤和夫先生（研究社のロングセラー『英文解釈教室』などの著者）の授業を夢中で聞きました。それまで、なんとなく感覚だけで英語に接してきたわたしが、英文を正確に読み解くことの楽しさを知ったのは、伊藤先生のおかげです。そのときの経験が翻訳者としてのわたしの原点だと言ってもいいでしょう。
　伊藤先生は、駿台の1回目の授業で、大学受験の英文和訳には守るべきルールがふたつある、とおっしゃいました。

(1) 英文に書かれていないことを書かない。
(2) 日本語だけ読んで意味が通る。

(1) はつまり、英文にある情報を可能なかぎり正確に伝えるということです。フィーリングだけで勝手に創作したり、よけいなものを加えたり、逆に重要な情報を抜いたりすると減点される、と言い換えてもいいでしょう。

(2) は、たとえば 2, 3 日あいだを置いて、訳文だけを読んだとき、何を言っているか自分でもわからないようではだめだ、ということです。英文と照らし合わせてはじめて、ああ、そういうことだったのか、と意味がわかるようでは、正しい訳文とは言えないのです。

■翻訳のめざすもの
　では、翻訳の場合、上の英文和訳とはどうルールがちがうのでしょうか。
(1) については、ほとんど変わりません。明らかな誤訳や訳抜けはまずいし、勝手に訳語を加えるのも通常はただのひとりよがりです（読者の理解を助けるために多少補うことは許されます）。**原文の情報を過不足なく伝えるのが翻訳の大原則です。**

(2) については、もちろんそのとおりですが、「意味が通る」だけでは不十分です。試験の場合、採点者が知りたいのは、受験生がその英文の意味を正しく読みとれているかどうかであり、少々ぎこちなくても満点になることはしばしばあります。しかし、翻訳の場合、相手は採点者ではなく不特定多数の読者であり、さらに言えば、作りあげるのは「答案」ではなく「商品」です。商品として必要な条件は、たとえば**「わかりやすい」「力強い」「美しい」**といったことでしょう。どんな商品であれ、消費者は販売されている完成品に対してお金を払います。小説の翻訳の場合も、読者は翻訳者が時間をかけて仕上げた日本語の訳文（作品）に対してお金を払うのです。

とはいえ、英文和訳とまったく異なるアプローチが必要かというと、そうではありません。むしろ、英文和訳における高度な技巧は、文芸翻訳においてもほとんどそのまま使えます。また、この本で説明していく数々の翻訳技術は、論理的に物を考える人なら納得できることばかりであり、翻

訳をせずに外国語を深く読みこんでいくときにも、ふつうに日本語の文章を書くときにも活用できるはずです。

　簡単に言うと、翻訳とは**「原著者が仮に日本語を知っていたら、そう書くにちがいないような日本語にすること」**です。これはわたしが言いだしたことではなく、たとえば森鷗外などもほぼ同じ趣旨のことを言っているらしく、同じ目標で翻訳という作業に取り組んできた先人は数多くいます。

　一方、海外の文芸作品を日本に紹介する場合、そのルールだけでは全部をカバーしきれないのではないか、つまり、**意図的に異文化らしさを際立たせなくてはいけない局面もある**のではないかと感じることもしばしばあります。言い換えれば、日本語としてのわかりやすさを何より重んじるのは当然として、ときにはそれ以上に重要なものを伝えるべき場合もあるのではないかということです。これは簡単に結論を出せることではないので、この本のなかで、いくつかの具体例に則してゆっくり考えていきます。

■翻訳の仕事のために必要な資質

　わたしはよく著書や講演会などで、出版翻訳、特に小説の翻訳の仕事をするために最も必要な資質として、「日本語が好き」「調べ物が好き」「本が好き」の３つをあげます。まず、それぞれを簡単に説明しましょう。

■日本語が好き

　英日翻訳においては日本語が最終表現手段であるため（日英翻訳はその逆です）、日本語に精通していなくてはならないのは当然のことです。わたし自身、翻訳の仕事をしている時間の半分以上、おそらく７割か８割程度は日本語と格闘していますし、自分が提供する商品は日本語なのだから、まずは日本語のプロであるべきだという自覚があります。

　さらに言えば、どんなに外国語ができる人でも、母国語以上に深く理解しているとは考えにくいので、母国語の運用能力が貧しい人が外国語だけ飛び抜けてできるということはまずありえません。**日本語の構造や語彙に精通しているからこそ、外国語との共通点や差異に対して敏感になれるの**です。

■ 調べ物が好き

　どんなに博覧強記の人でも、どんなに海外生活が長い人でも、英文に書かれているすべてのことを一読して理解できるわけではありません。知らない固有名詞や成句は山ほど出てきます。中にはある程度想像がつくものもありますが、翻訳という形で他人に読ませるのであれば、中途半端なことはできません。もちろん、物知りであることは翻訳をするうえで強力な武器になりますが、自分の知識を過信して調べ物を面倒がっていると、仕事ではよく痛い目に遭います。わたし自身は修業時代も含めると20年以上翻訳にかかわっていますが、いまでも1日に数百回は辞書を引きます。

　逆に、辞書やインターネットであれこれ調べているうちに、ほかのことにも興味が湧いてきてどんどん脱線していくようになったら、むしろそれこそが理想です。翻訳の勉強には、単に英語の習得にとどまらず、さまざまな形で知識や視野を広めていく効果があります。

■ 本が好き

　野球のことを知らないのにプロ野球の選手になりたい人はいませんから、**小説の翻訳をするには、何よりまず小説について熟知すべき**なのは当然です。原書・訳書・日本人作家の作品の3種類すべてに日ごろから目を通していてください。

　ただひたすら英語の勉強を禁欲的につづけるのではなく、好きなもの、おもしろいものを楽しみながら読んでいけばよいわけですから、むしろ長つづきしやすいはずです。

■ そしてもちろん、英語も

　必要な3つの資質のなかに「英語が好き」はありませんでしたが、英語を深く正確に読みとる能力が必要なのは言うまでもありません。単に読むだけではなく、あれこれ考えながら訳文を作ることで、より深くより正確に読みとる力がついていくものです。

　ですから、もう一度書きますが、この本では（特に第2部では）**かならず自分の訳文を作ってから、解説と「わたしの訳」を見てください**。漠然

と読みながら意味を追っていけば、簡単に訳せる気になるものですが、実際に訳文を書くとさまざまな壁に突きあたります。英語の読みとりでは、わかった気になっていて実はわかっていない、ということがしばしばありますが、訳文を作らずにそれを見抜くのは非常にむずかしいものです。

　これからの時代、文芸翻訳だけで生活していける人は、プロのなかでもごく少数でしょう。しかし、**文芸翻訳の勉強は知識、判断力、人生経験などを総動員して取り組むため、ほかの勉強ではぜったいに手に入れられない最高の喜びが得られます。**簡単ではありませんが、楽しみながら、ぜひじっくり取り組んでください。

【表記のルール】（大人向けフィクションの場合）
- 言うまでもなく、小説の訳文は縦書き。《ただし、この本では、レイアウトの関係で横書きで記す》
- 改行、段落替えなどは、原則として原文どおり。
- 段落のはじめは１マスあける（全角スペース）。ただし、カギや括弧などではじまる場合はいちばん上から。また、章のはじめなどで、原文が左詰めで書かれていても、訳文は１マスあける。
- 段落中の疑問符（？）、感嘆符（！）のあとは１マスあける。
- カギや括弧などを閉じる直前には句点をつけない。〈例〉「さようなら」
- ダッシュ（──）と三点リーダー（……）は、原文でよほど長くなっていないかぎり、ともに２マス扱い。──のかわりにーー、〈 〉のかわりに＜ ＞、……のかわりに・・・など、キーボード上の記号で安易にごまかさない。
- 何を漢字で書き、何をかなで書くかは各自の判断によるが、自分なりにルールを決める。
- 数字は原則として漢数字。ただし商品名などで例外もかなりある。《この本は横書きなので全体に半角の算用数字を原則とする》
- 度量衡は、原語のままフィートやポンドなどにするか、メートルやグラムなどに変えるか、自分なりにルールを決める。
- 本の題名は『　』でくくる。映画やテレビ番組のタイトル・曲名・店名などについては自分なりにルールを決める。

【辞書や調べ物について】
- 調べ物の環境は日々進化しているので、つねに最新の情報を仕入れること。
- 最低でも、大型の英和辞典、国語辞典、類語辞典がひとつずつ必要。
- 多くの辞書の電子版を同時に検索（「串刺し検索」）できる環境を作ること。
- オンラインの辞書サイトなどの情報にも敏感になること。
- 辞書・事典は絶対の必要経費。投資を惜しまないこと。

もくじ

はじめに 003

表記のルール／辞書や調べ物について 009

第1部　文芸翻訳のツボ 013

　【1】誤訳を減らすには 014

　【2】日本語を鍛えよう 021

　【3】日本語の現状を知ろう 026

　【4】視点を忘れるな 031

　【5】流れを大切に 037

　【6】作者の意図に忠実に 041

　【7】調べ物で手を抜くな 047

　【8】「めりはり」とバランス 053

　【9】どんな訳文をめざすべきか 058

　【10】名訳に学ぼう 064

《コラム1》　伊藤和夫先生から学んだこと 068

第2部　文芸翻訳の実践　075

【1】表記のルールを守ろう　076
【2】どんな順序で伝えるか　086
【3】登場人物にふさわしい日本語　096
【4】深く読みこんで、必要なだけ噛み砕く　104
【5】センテンスの切れ目を大切に　113
【6】おもしろさや味わいを伝えるために　122
【7】どこまで説明するか　136

《コラム2》　どんな本を読むべきか　156

第3部　文芸翻訳の現場　161

【1】リーディングとは　162
【2】シノプシスを書いてみよう(1)　166
【3】シノプシスを書いてみよう(2)　171
【4】生徒によるシノプシス添削例　178
【5】企画持ちこみについて　186
【6】あとがきについて　191
【7】文芸翻訳者の心構え　195

《コラム3》　特別インタビュー
　　　　「読者とつながり、書店を巻きこむ」　200

おわりに／ほかの著書について　207
越前敏弥　著書・訳書一覧　211

第 1 部

文芸翻訳のツボ

1 | 誤訳を減らすには

　（1）から（4）は、英語で書かれた小説の一節などと、それを翻訳講座の生徒が訳した文を並べてあります。それぞれについて、誤りや改善すべき点があれば指摘し、可能なら修正してください。第1部では多くの問題がこの形式をとっています。

---

(1) Good silver plate was displayed on the buffet, but the curtain behind the table looked dusty.

食器棚には良質の銀皿が飾られていたが、食卓のうしろにかかっているカーテンは埃がかぶっているように見えた。

(2) To all writers: Never settle, never accept the second best. Not for yourself. Not for your works.（ある作家によるツイッターの書きこみ）

すべての作家へ——けっして妥協するな。2番目によいものを受け入れるな。あなた自身のためではない。仕事のためでもない。

(3) She entered the building on Third Avenue in the mid-50s.（舞台は現代のニューヨークのマンハッタン）

彼女は50年代の半ばに建てられたサード・アヴェニューの建物にはいった。

(4) He enjoyed a pint of the best bitter.

彼は最高のビター・ビールを1杯飲んだ。

▶ 解説編

翻訳に取り組むには、言うまでもなく、まず英文を正確に読みとる必要があります。とはいえ、どんな人でも誤読・誤訳は避けられません。では、完全になくすことはむずかしいとしても、できるかぎり減らすには何を心がけるべきでしょうか。

誤訳を防ぐための3か条

《第1条》
常識を働かせて、違和感を覚えたら読みなおし、ゆっくり考えなおす。違和感には、大きく分けて形と意味の2種類がある。

《第2条》
自分の弱点である文法事項を知り、覚えるべきことを覚える。文脈から判断できない場合、最後の砦は文法の知識。日本人が最も多く誤訳・誤読する文法事項はつぎの3つ。
　[1] 否定
　[2] 冠詞の有無や単数形・複数形の区別
　[3] カンマや and や or で何と何が並ぶか

《第3条》
自分の持っている知識など、たかが知れていると自覚して、つねに調べ物を怠らない。

この章では、(1) から (4) の問題について、上の3か条に即して説明します。

(1)
Good silver plate was displayed on the buffet, but the curtain behind the table looked dusty.

> **生徒訳**
> 食器棚には良質の銀皿が飾られているが、食卓のうしろにかかっているカーテンは埃がかぶっているように見えた。

> **わたしの訳**
> 食器棚には上等な銀の食器類が飾られていたが、卓の向こうのカーテンはほこりでくすんで見えた。

　誤読・誤訳に気づくためにまず必要なのは、《第1条》にもあるとおり、「形の違和感」と「意味の違和感」の両方に敏感になることです。
　ここでは、何よりまず、Good silver plate になぜ冠詞がないのか、あるいはなぜ複数形になっていないのかと疑問に感じられるかどうかが、誤訳を見抜けるかどうかの鍵です。仮に plate の意味として「皿」しか知らないとしても（たぶん多くの人が知らないでしょうし、知らないこと自体は恥でもなんでもありません）、違和感を覚えたらすぐに辞書を引けるかどうかが、翻訳技術を上達させていけるか否かの分かれ道です。
　ただ、《第2条》の [2] にもあるとおり、冠詞の有無と名詞の単複は、日本人が最も苦手とする文法事項です。そもそも冠詞は日本語に存在しないものなので、英語を母国語としないわれわれが見落としがちなのは、ある程度はやむをえないことかもしれません。「形の違和感」の助けを借りられなかったとき、つぎに頼るべきなのは「意味の違和感」です。この英文で描かれている場面を考えてみて、食器棚にたった1枚の皿、しかも銀色の皿（大皿？）が飾られている状況は、ありえないとまでは言いませんが、かなり奇妙だと思いませんか。そう思った人は、やはり plate を辞書で引くでしょう。そして、そのように批判的な目で辞書をゆっくり見ていけば、すぐに集合名詞としての「食器類」の意味が見つかるはずです。
　まずはこのふたつの違和感を無視せずに、すぐに調べるか、あるいはゆっくり考えるかのどちらかで、誤読・誤訳はかなり防げます。
　生徒訳のそのほかの部分では、特に大きな欠点はありません。

(2)
To all writers: Never settle, never accept the second best. Not for yourself. Not for your works. （ある作家によるツイッターの書きこみ）

> **生徒訳**
> すべての作家へ──けっして妥協するな。2番目によいものを受け入れるな。あなた自身のためではない。仕事のためでもない。

> **わたしの訳**
> すべての作家へ──けっして妥協するな。次善のもので我慢するな。自分自身のために、妥協や我慢をするな。作品のために、妥協や我慢をするな。

　前半は大きな問題はありません。「2番目によいものを受け入れるな」がややわかりにくく、「～で我慢するな」あたりのほうが意味がはっきりしますが、誤読してはいません。

　多くの人が誤読・誤訳するのは、後半の短い2文です。この**否定省略文は日本人が最も苦手とする形**で、ひどいときは正反対の意味に解釈してしまうので、とても危険です。第2条の[1]「否定」に関する誤訳のうち、半分ぐらいはこのタイプだと思います。

　ここでは、まず Never ではじまる否定命令文があるのですから、それにつづく2文では、文頭にある Not が for yourself や for your works を修飾しているのではなく、同じ文型の命令文の繰り返しを避けるために Not 1語だけが残されているのです。つまり、後半を完全な形で書くと "Don't settle, don't accept the second best for yourself. Don't settle, don't accept the second best for your works." になるのですが、くどいので最小限の語以外が省略されているということです。否定省略文については著書『越前敏弥の日本人なら必ず誤訳する英文』と『越前敏弥の日本人なら必ず誤訳する英文　リベンジ編』（ともにディスカヴァー携書）でいくつも

例をあげてくわしく説明しているので、苦手な人はそちらを見てください。
　もうひとつ、最後の works は複数形（可算名詞）なので、「仕事」より「作品」のほうが訳語としてふさわしいです。

(3)
She entered the building on Third Avenue in the mid-50s.
（舞台は現代のニューヨークのマンハッタン）

生徒訳

彼女は50年代の半ばに建てられたサード・アヴェニューの建物にはいった。

わたしの訳

彼女は三番街の50丁目台半ばにあるその建物にはいった。

　舞台がニューヨークであることがヒントですが、それに気づいたでしょうか。
　in the mid-50s には、たしかに「50年代半ば」という意味があり、この生徒はそのように読んでいますが、現代の話なのに「50年代」というのは変だと感じたのか、苦しまぎれに「50年代に建てられた」という解釈をひねり出しています（もちろん、その意味であれば built や founded が必要）。《第1条》に基づいて違和感を大切にするところまではいいのですが、そこで強引につじつまを合わせたせいで、残念ながら二重の誤訳になってしまいました。
　この in the ～ s はアメリカの大都市（特にニューヨーク）でよく使われる言い方で、位置を表します。ニューヨークのマンハッタン周辺では、日本の京都や札幌などと同じく、通りが碁盤の目のように交差していることをご存じの人も多いでしょう。東西に走るのが street, 南北に走るのが avenue で、南から北へ、東から西へと番号が大きくなります。このふたつをセットにして、市内での位置を表現するわけですが、翻訳では avenue

を「〜番街」、street を「〜丁目」または「〜丁目通り」と訳すことが多いです。

　ですから、この Third Avenue in the mid-50s は、「三番街の 50 丁目台の半ば（55 丁目ぐらい）」という位置を表しているのであって、年代とはなんの関係もありません。ほかにも、年齢と解釈して「50 歳代で」と訳したり、現在完了形でもないのに「50 年代にはいったことがある」としてごまかしたりした生徒訳の例がありましたが、どれも大はずれです。

　これを正しく読みとるためには、《第1条》の違和感だけではどうにもならず、《第3条》「自分の持っている知識など、たかが知れていると自覚して、つねに調べ物を怠らない」の出番となります。とはいえ、こういった表現を辞書などで調べるのは非常にむずかしく、やはりこの手の文章をたくさん読んで経験を積んでいくしかないでしょう。実のところ、英語の小説を読み慣れている人にとっては、このような言い方はさほど珍しくありません。

　ところで、「〜番街」や「〜丁目」はなんとなく古めかしい感じだから、「アベニュー」「ストリート」とカタカナにするのはどうでしょうか。たしかに、ファッション関係の店が建ち並ぶ Fifth Avenue などは日本でも有名で、「フィフス・アベニュー」として知られているので、カタカナにそろえるほうがいい、という考え方もできるかもしれません。ただ、avenue は 10 番ぐらいまでなので問題ないのですが、street は北のほうまで行くと 250 番ぐらいまであり、たとえば 237th Street をカタカナで書くと「トゥー・ハンドレッド・アンド・サーティー・セブンス・ストリート」という恐ろしく長いことばになってしまいます。そんなこともあって、カタカナの表記で統一するのはむずかしく、わたしも原則として「〜番街」「〜丁目」をいまでも採用していますが、ニューヨーク以外の街で同様の並びになっているときには、一種の折衷案として「〜番ストリート」などとすることもあります。将来はニューヨークを舞台とした翻訳でも変わっていくかもしれません。

(4)
He enjoyed a pint of the best bitter.

> **生徒訳**
>
> 彼は最高のビター・ビールを1杯飲んだ。

> **わたしの訳**
>
> 彼は強烈なビター・ビールを1杯飲んだ。

　実は、これは生徒ではなく、もともとはわたし自身の誤訳例です。
　まず、a pint of については、1パイント（8分の1ガロン、約0.5リットル）のグラスにはいった、ということですから、ここでは気にしないでください。
　問題があるのは、best bitter の best です。
　これはイギリスの小説の一節で、わたしは最初、「生徒訳」のように訳して出版社に入稿しました。その少しあと、『英和翻訳基本辞典』（宮脇孝雄著、研究社）を読んでいたら、best bitter という項目に、「これは上等のビター（苦いビール）と訳されることが多いが、それはまちがいで、アルコール度の高いビターのことである」という内容のことが書いてあり、顔が青くなりました。あわてて調べたところ、たしかに bitter は強さによって best bitter や special bitter など、いろいろな呼ばれ方をすることがわかり、すぐに出版社へ連絡して訳稿を修正したしだいです。
　わたし自身、修業時代から含めると20年以上、ほぼ毎日翻訳の仕事に携わっていますが、それでもまだまだ知らないことはたくさんあり、いまでもときどきこのような経験をします。《第3条》の「自分の持っている知識など、たかが知れていると自覚して、つねに調べ物を怠らない」は、自分自身に向けてのメッセージでもあるのです。

2 | 日本語を鍛えよう

　それぞれの日本語の文を読み、改善すべきところがあれば直してください。(1) と (2) は新聞記事の一節に少し手を加えたものです。

> **(1)** 　A党の党首は1日、B党との新党結成に向け、同日予定していたB党党首との会談を急きょ、延期した。
>
> **(2)** 　先日の××県議会選挙では、投票率が前回より1.5倍多かったことが判明した。(注：40％から60％になった)
>
> **(3)** 　わたしは母と姉といっしょに10時にレストランに行った。その店で母にプレゼントをもらった。

▶ 解説編

> **(1)**
> A党の党首は１日、Ｂ党との新党結成に向け、同日予定していたＢ党党首との会談を急きょ、延期した。

> **わたしの修正案**
> A党の党首は１日、Ｂ党との新党結成に向けて同日予定していたＢ党党首との会談を、急きょ延期した。

翻訳にかぎらず、日本語を書くうえで重要なことのひとつは、**「誤読されないように書く」**ことです。「てにをは」ひとつ、読点の打ち方ひとつで、意味は大きく変わり、ときには正反対になってしまうこともあります。

この文の主語は「A党の党首」、述語は「延期した」ですが、「B党との新党結成に向け」はどこにかかっているでしょうか。「向け」のような連用形のあとに読点がある場合、そこは音読するときには息継ぎをする個所ですから、比較的大きな切れ目となります。したがって、直後の「同日予定していた」ではなく、ふたつの読点のあとにある「延期した」にかかっていると考えるのがふつうでしょう。

しかし、意味から考えて、それはどう見てもおかしい。ふつうは、新党結成をめざすなら会談を延期するはずがないからです。書き手はおそらく、「新党結成に向けて予定していた党首会談」をなんらかの理由で延期した、つまり合併の計画がうまくいっていないことを伝えたかったはずです。だとしたら、これは誤読されかねない、あるいは２通りの意味に読まれかねない文です。一読して混乱した人も多いでしょう。

では、どうしたらいいのか。最小限の直し方をするなら、「B党との新党結成に向け」のあとに「て」を入れて、あとの読点を消すことです。「B党との新党結成に向けて同日予定していた～」とすれば、かかり方をまちがえられることはありません。

さらにもうひとつ、「急きょ」のあとの読点も、かかり方をわかりにくくする要因ですから、これも消すほうがいい。そして「B党との新党結成に向けて同日予定していたB党党首との会談を急きょ延期した」としても、誤読の危険はぐっと減りますが、ちょっと長くなったので、「会談を」のあとに読点を打つとバランスがよくなります。

　わたしの修正案のようにすれば、ふたつの読点ではさまれた個所が、いわば木の枝葉、「A党の党首は……急きょ延期した」の主述関係の部分が木の幹であることが見やすいので、誤読される危険がきわめて低くなります。

　日本語の読点の打ち方に鈍感な人は、英語のカンマの打ち方についてもまちがいなく鈍感なので、表現のうまいへた以前に、誤読・誤訳が多いのがふつうです。逆に、そこを鍛えれば、英語にも日本語にも強くなります。

> **(2)**
> 先日の××県議会選挙では、投票率が前回より1.5倍多かったことが判明した。（注：40%から60%になった）

> **わたしの修正案**
> 先日の××県議会選挙では、投票率が前回の1.5倍に達したことが判明した。

　新聞記事にかぎらず、数にまつわる表現を扱うときには慎重を期す必要があります。うまい、へたとは別の次元で、注意しないと事実に反することを書いてしまい、その場合の被害の大きさは文学的表現などとは比べ物にならないからです。

　数にまつわる表現のなかでも、特によく見かける困ったものが、今回のような「〜倍」に関する言い方です。これは日本人だけでなく、英語圏の人たちも同様によくまちがえるので、よけいにたちが悪いとも言えます。

　この新聞記事では、40%が60%になったのですから、「1.5倍になった」「1.5倍に達した」「1.5倍に及んだ」などと言えばなんの問題もありません。しかし、「1.5倍多かった」というのは、基準量（1にあたるもの＝40%）

よりもさらに1.5倍多いという意味ですから、これは2.5倍、つまり投票率が100％になったと読まざるをえません。

　日常生活のやりとりでは、たとえば4倍であることを「4倍大きい」などと言う人は多いですし、前後の文脈からなんとなく相手の意図を察するものですが、不特定多数に読ませる文章では、そうはいかないのです。

　わたしは以前、著書の『日本人なら必ず誤訳する英文』のなかで、"Linda had three times as many pens as I did." と "Linda had three times more pens than I did." を比較し、前者は「3倍の数のペン」、後者は「3倍多い」すなわち「4倍の数のペン」だから、明らかに意味が異なると説明しました。これに対し、何人かの人から、知り合いのネイティブに尋ねたらどちらも同じ3倍という意味だと断言されたので、その説明はおかしいのではないかという質問を受けました。たしかに日常会話レベルでは（英語でも日本語でも）そのとおりかもしれませんが、ことばを正確に使う教養人の文章、特に自然科学に関する文章では、上のふたつは厳密に区別されます（もっとはっきり言うと、算数や数学の問題でこのふたつを同一と見なしたら、英語でも日本語でも不正解になります）。ことばのスタンダードは、時と場合に応じて変わるものです。

　なお、もとの新聞記事で「投票率が〜多かった」となっているのも、いただけません。「投票数」なら「多かった」でいいでしょうが、「投票率」なら「高かった」とすべきで、これはそういう意味では二重に欠陥のある文だと言えるでしょう。

> **(3)**
> わたしは母と姉といっしょに10時にレストランに行った。その店で母にプレゼントをもらった。

> **わたしの修正案**
> わたしは母と姉と連れ立って出かけ、10時にレストランに着いた。その店で母からプレゼントをもらった（or 母はその店からプレゼントをもらった）。

ポイントは「に」の使い方です。「に」はとても便利な助詞で、さまざまな意味を持っていますが、気をつけるべきなのは、**意味が曖昧にならないようにすること**と、**単調な文にならないようにすること**です。

　第1文でまず問題なのは、10時に出発したのか、10時に到着したのかがわかりにくいことです。ここはつぎの文とのつながりから考えて、10時に着いたのでしょうから、「行った」ではなく「着いた」などとするほうがいいでしょう。

　また、もとの文では「いっしょに」「10時に」「レストランに」と、「に」で終わる修飾語句がつづいています。最近のワープロソフトは「の」が3つつづくと注意を促すことが多いのですが、「に」も頻度が高い助詞ですから、気をつけないと連発して文が単調になってしまいます。特に、目的地を表すとき、「～へ行く」と書けばいいのに、なんでもかんでも「～に行く」と書く人がとても多いのですが、**避けられるときはなるべく「に」を使わない**、などと決めておくことをお勧めします（厳密に言うと「～へ行く」と「～に行く」には微妙なニュアンスのちがいがあり、前者は出発点から途中、後者は到着点におもに意識が向いている場合に使われることが多いはずです）。

　第2文も意味が曖昧で、ここもふたつの可能性があります。「わたしが母からプレゼントをもらった」のか、「母が（たとえば）レストランの人からプレゼントをもらった」のか、どちらでしょうか。こういう曖昧さを避ける手立てとしては、「に」を「から」に変える、主語を明確にする、受動的な言い方を能動的な言い方に変える、読点の打ち方を工夫する、などが考えられます。

　「に」にかぎらず、曖昧さと単調さを排した文を書くことをつねに心がけてください。

3 ｜ 日本語の現状を知ろう

(1) 以下の 10 個のことばのなかで、いちばん古い感じのするもの（「死語」などと呼ばれることもあります）はどれだと思いますか。もし可能なら、古い感じがする順に並べてみてください。もちろん、「正解」があるわけではなく、あなた自身の感覚で、あまり深く考えずに選んでもらえばいいです。

雨合羽	いかす	襟巻き	鏡台	月賦
すこぶる	ねずみ色	美男子	便所	目方

(2) つぎの文は日本語として正しいでしょうか。

あの高校はかつて政治家の A 氏を輩出した。

▶ 解説編

(1)
雨合羽	いかす	襟巻き	鏡台	月賦
すこぶる	ねずみ色	美男子	便所	目方

　これまで何年かにわたって、各地でトークイベントや講演会などをおこないながら、参加者のみなさんにちょっとしたアンケートに答えてもらいました。いまの時代に使うのがちょっとためらわれそうなことばをこちらでいくつか選び、それぞれについて、自分がそれを古いと思うかどうかを答えてもらうというものです。

　もちろん、ことばの受け止め方、使い方は人それぞれですから、そのこと自体をとやかく言うつもりはまったくありません。ただ、ことばを扱う仕事に携わる者としては、どのくらいの割合の人がその語を古いと思っているかを知り、自分の感覚とどの程度ちがうのかを知るのも悪くありません。

　アンケートに答えてくれた人は全部で500人ほどで、性別は半々、年齢層は10代から70代までさまざまでした。

　回答は、各語について「○──ぜったい使わない」「△──状況による」「×──使ってもおかしくない」の3つのどれかにかならずマークする形で提出してもらいました。その後、○を1人、△を0.5人、×を0人と扱って、100人あたりでの合計人数を算出し、それぞれの語について比較したしだいです。

　前ページの10語を、古くて使わないと感じた人が多かった順に並べると、以下のようになります。

1	雨合羽	72.7%
2	いかす	65.3%
3	襟巻き	58.9%
4	目方	55.9%

5	すこぶる	48.4%
6	ねずみ色	44.8%
7	月賦	39.1%
8	美男子	34.0%
9	便所	29.3%
10	鏡台	19.0%

　どうでしょうか。予想はあたったでしょうか。
　もちろん、「雨合羽」を選んだ人がいちばん多かったからと言って、この語をどんな場合でもぜったい使うなということではありません。ただ、訳文を作る際に要注意なのはたしかで、逆に、うまく使えば、古めかしく格調の高い文章にもできるし、ミスマッチゆえに笑いをとることもできるかもしれません。翻訳者にかぎらず、文筆のプロであろうとするなら、それぞれのことばがいまの日本語全体のなかでどのような位置を占めているのかに敏感であってもらいたいです。
　わたしはこのようなアンケートをほかの語でもおこなってきましたが、その経験から、以下のふたつのことが言えます。

[1] 　衣服や装飾品などに関する語は流行の動きが激しい（上の例では「雨合羽」「襟巻き」）。

[2] 　カタカナに置き換えられる語（「雨合羽」→「レインコート」、「襟巻き」→「マフラー」）は古く感じられがちだが、その一方で、カタカナ語は一気に流行してあっと言う間に廃れるものも多く、和語・漢語と比べると一般に「賞味期限」が早くやってくる。

　どんな例があるか、自分でも考えてみてください。そのようなことが訳語選びの際にきっと参考になるはずです。

> **(2)**
> あの高校はかつて政治家のＡ氏を輩出した。

> **わたしの修正案**
>
> あの高校はかつて政治家のＡ氏を送り出した。

　文筆に携わる者なら避けて通れないのが、日本語の誤用の問題です。たとえば、「号泣」は本来は「大声を出して泣く」という意味ですが、最近はちょっと涙を流した程度でも号泣したことにされてしまうことが多いですね。わたし自身は、そういう意味で「号泣」を使うことはかつても今後もぜったいにありませんし、翻訳を指導している生徒がそのような使い方をしたら、やめるように注意します。ただ、ことばはつねに変化していくものであり、永遠の正解など存在しません。たとえば、もし日本人の９割以上がその意味の「号泣」をごく自然に使うようになったら、わたしも（自分自身では使わないにしても）その言い方を受け入れるしかないかもしれないと思っています。

　微妙な例として、この問題で採りあげた「輩出する」ということばがあります。これはもともと、「数々の政治家がその学校から輩出した」のように、複数の人を主語とする自動詞として使われていましたが、いまは「あの高校はかつて政治家のＡ氏を輩出した」のように、単数を対象とした他動詞として頻繁に使われます。わたし自身は、現時点では単数の意味はどうにも受け入れられないのですが（「輩（やから）」という語は複数のニュアンスが色濃いからです）、他動詞の用法はまったく問題なく現代の日本語に定着していると思い、自分でも使います。つまり、わたしからすれば、一方は×で一方は○というわけですが、これはプロの書き手のあいだでも意見が割れるところでしょう。

　このように、ことばの使い方に絶対の正解というものは存在しないのですが、だからと言って、なんでもＯＫということではありません。翻訳に

かぎらず、出版社で文筆の仕事をしていれば、ふつうはまず編集者や校正者が原稿を見て、誤用と思われるところにメモを入れてくれます。それに対して、もし自分が誤用ではないと考えるのであれば、そう考える根拠を示す必要があります（出版されたあとで読者から指摘された場合も同じです）。どの辞書やサイトにどう書いてあるかなども含めて、しっかり説明することも翻訳者の仕事の一部です。

　日本人の多くがどのように日本語を使い、どのように受け止めているかを知るうえでいちばん参考になるのは、文化庁が毎年実施している「国語に関する世論調査」の結果です（文化庁のサイトで、過去のものも含めて、だれでも見ることができます）。あるいは、自分でも周囲の人を対象としたアンケートなどを定期的に試みてもいいかもしれません。ただし、どこをどう調べたところで、「正解」が決まるわけではなく、どんな傾向があるかがわかるだけです。

　翻訳の仕事をしたいのであれば、まず自分で**ていねいに辞書を引き、日本語に強くなる必要があります**が、それと同じくらい大事なのは、**読者がどのようにその表現を受け止めているかを知る**ことです。そういった作業は面倒と言えば面倒ですが、知識欲が刺激されてとても楽しいものでもあります。それを心から楽しめる人こそ、翻訳の仕事に向いていると思います。

4 ｜ 視点を忘れるな

(1) いろいろな訳が考えられる英文です。訳文をいくつか作ってみてください。

Bob walked to Mary.

(2) ある小説を生徒が訳した一部です。問題点を指摘し、可能なら修正してください。

フィルは叫びながらヘレンのもとに駆け寄った。彼は彼女にすばやく手錠をかけ、それからデイヴのほうを振り返った。彼は草むらに倒れ、苦しげにのたうっていた。

(3) Jane は Mr. Brown の娘で、ここは Jane の視点で書かれています。生徒訳の問題点を指摘し、可能なら修正してください。

Mr. Brown didn't like his daughter hanging out with boys like Tim, but Jane wouldn't be told.

ブラウン氏は娘がティムのような少年と親しくするのを好まなかったが、ジェーンには何も言わなかった。

▶ 解説編

> **(1)**
> Bob walked to Mary.

　これまで翻訳のクラスで何百人かに尋ねた経験では、だいたい以下のような回答が多かったと思います。

・ボブはメアリーのほうへ歩いた。
・ボブはメアリーに歩み寄った。
・ボブはメアリーのところへ歩いていった。
・ボブはメアリーのほうへと進んだ。
・ボブはメアリーへと近づいていった。

　いろいろありますね。もちろん、どれもまちがいではありません。ただ、おもしろいことに、だれもが判で押したように「ボブは〜」ではじめます。実に99%以上の人が、なんの疑いもなくそう答えるのです。あなたはどうでしたか？
　「ボブは〜」ではじめる人は、無意識のうちに、この文の視点人物（主人公や主役とほぼ同じ意味と考えてもいいです）がボブであると決めつけています。
　もちろん、そうである可能性がいちばん高いのですが、ほかになんの情報もないとしたら、メアリーが視点人物である可能性もじゅうぶんありますし、さらに言えば、ボブでもメアリーでもない第3の人物が見ている場合や、まったく客観的な文（「神の視点」などとも呼びます）の場合もあります。そして、もしボブ以外の視点、特に神の視点から語られているのなら、「ボブは〜」ではなく、「ボブが〜」ではじめるほうがふさわしいはずです（上の5つの訳のすべてにあてはまります）。たとえば、

ボブはメアリーのほうへ歩いた。
ボブがメアリーのほうへ歩いた。

のふたつを比べて、それぞれの映像を思い描くと、上はボブが中心に据えられているように感じられるのに対し、下は遠くのほうからふたりを見守っている感じがするのではないでしょうか（「は」と「が」の意味のちがいは微妙で、まったく別の解釈も考えられますが、いまは視点に意識を向けてみてください）。

また、もしメアリーの視点から書かれているとしたら、5つの訳文の3番目と5番目にある「歩いていった」は変で、「歩いてきた」とすべきです。

このように、**まったく同じ英文であっても、どの視点から語られているかによって、対応する訳文は変わります**。特に小説の翻訳の場合、そのことをつねに頭に置き、原文を読む段階から意識している必要があります。文芸翻訳に取り組みたい人は、まずそれが基本の基本だと思ってください。

---

(2)
フィルは叫びながらヘレンのもとに駆け寄った。彼は彼女にすばやく手錠をかけ、それからデイヴのほうを振り返った。彼は草むらに倒れ、苦しげにのたうっていた。

わたしの修正案

フィルは叫びながらヘレンに駆け寄った。すばやく手錠をかけ、それからデイヴのほうを振り返った。草むらに倒れ、苦しげにのたうっている。

生徒訳を一読して、なんだかくどいと感じたとしたら、その感覚は正しいです。そして、いちばんの原因は「彼」「彼女」という代名詞が無駄に使われていることです。

英語には主格や目的格というものがはっきり存在し、原則として主語を省略することはできませんし、第3文型（SVO）の文なら目的語を省略で

きません。

　一方、日本語では、主語を必要としない文が多く、目的格などというものも存在しません（「〜を」にあたる部分は修飾語の一部なので、文に必要な構成要素ではありません）。日本語の場合は、文が変わっても主語が同じなら省略しつづけるのがふつうですし、そのほうがむしろわかりやすいほどです。少なくとも、同一段落内なら、原則として省略すべきです。目的格（にあたるもの）についても、それを抜いて意味がわかるなら、抜くほうが引き締まって明快な文になります。

　生徒訳の第1文には大きな問題はなく（「〜のもと」がないほうが簡潔でよいと思いますが）、最低限必要な情報が示されていますから、このままで問題ありません。第2文の原文には、当然 he や her が主格や目的格として存在したはずですが、主語は前文と同じフィルですし、手錠をかけた相手もヘレンに決まっているので、ここは両方とも不要な情報です。**文芸翻訳では、無駄な「彼」「彼女」はすべて省くのが原則**だと思ってください。ほかの人称代名詞（「わたし」「あなた」「彼ら」など）、指示代名詞（「それ」「これら」など）についても同様です。

　さて、第3文はどうでしょうか。また「彼」が主語ですが、前後の意味から考えて、これはフィルではなくデイヴであるはずですね。ここは「彼は」という主語があるせいで、かえってだれのことだかわかりにくくなっています。

　では、どうすればいいのか。簡単に思いつくのは「デイヴは」に変えることでしょう。それも悪くありませんが、もっといい方法があります。ここで、（1）でも言及した視点の問題がかかわってくるのです。少々説明が長くなりますが、これは文芸翻訳できわめて重要なことなので、しばらく付き合ってください。

　ふつう、英語の小説は過去形で書かれます。全編を通して現在形で書かれた小説というのもあり、最近増えているのもたしかですが、原則は過去形です。

　しかし、それを機械的にすべて過去形のまま、「〜た」で終わる文で訳すと、単調で味気ないだけでなく、なんだか焦点のぼやけたわかりづらい文

章になってしまいます。大きな理由はふたつあります。

> [1] 英語には過去形と過去完了形があって、2段階の過去を自然に区別して表現できるのに対し、日本語には決定的な言いまわしがない。
>
> [2] 英語の動詞は、主語の直後とはかぎらないものの、文の前のほうに出てくるため、文末はばらけるのに対し、日本語の述語は通常最後に置かれるので、どうしても「〜た」で終わる文がいくつもつづきがちになる。

　そこで、日本語では別の形で段差をつける必要があるわけで、そこで登場するのが視点の考え方です。小説では、**視点人物を中心として時間が流れていきますが、その人物が何かを見たり、聞いたり、感じたりした瞬間、言ってみれば時間が止まります**。これに対応して、人の動作や物の状態などの描写を過去形（「〜た」など）で表現し、視点人物の見たもの、聞いたもの、考えたことなどを現在形（「〜る」など）で表現すると、うまくめりはりをつけることができます。**客観が過去形で、主観が現在形**、というまとめ方もできるでしょう。

　この問題の第3文について言えば、「彼は」を抜いて文末の「た」を「る」に変え、「草むらに倒れ、苦しげにのたうっている」とするだけで、視点人物（フィル）の見た光景であると読者には感じられ、主語を立てなくてもデイヴのことだとわかるのです。

　もちろん、これはどんな場合にもあてはまる万能のルールではなく、単にリズムをよくするなどの理由で文末に変化をつけることもしばしばありますが、原則はそういうことだとまず理解してください。第2部の演習に取り組む際にも、この考え方は役に立ちます。

> **(3)**
> Mr. Brown didn't like his daughter hanging out with boys like Tim, but Jane wouldn't be told.

> 生徒訳
>
> ブラウン氏は娘がティムのような少年と親しくするのを好まなかったが、ジェーンには何も言わなかった。

> わたしの修正案
>
> ミスター・ブラウンは娘がティムのような少年と付き合うのに反対したが、ジェーンは聞き入れなかった。

　生徒訳の前半には特に問題がなく、まずいのは後半です。
　be told だから、ブラウン氏から告げられなかったのだろうとなんとなく判断したのでしょうが、wouldn't を無視していますし、そういう意味であれば、わざわざ Jane を主語として受け身で書くのはとても不自然です。**違和感を覚えたらゆっくり考えなおすのが鉄則でしたね。**
　ここでは、Jane が視点人物ですから、wouldn't は Jane 自身の強い拒絶を表すと考えるのがごく自然であるはずです。それでも意味がはっきりしないと思ったら、ある程度の予想をしながら、tell なり told なりを辞書で調べればいい。くわしい辞書には tell の意味が山ほど出ていますが、たとえば翻訳者がよく使う『ランダムハウス英語辞典』(小学館)には、「忠告する、命じる」の意味の例文として、"He won't be told." (彼は言ったってきかないだろうよ) が載っています。隅々まで読むのは大変ですが、見当をつけてながめていけば見つかりやすいはずです。
　これは、視点の考え方に忠実であればかなりの確率で誤訳を防げた例です。

5 ｜ 流れを大切に

(1) 「わたし」はアイスホッケーのゴールキーパーで、シュートを受けた直後です。生徒訳の改善すべき点を考えてください。

I flicked the puck out of the goal to the referee and he skated it back to the center ice for another face-off. I barely had time to take a drink of water from my bottle when they were back in my zone again, moving the puck back and forth, looking for another shot.

私が審判に向けゴールの中からパックを軽く打ち出すと、審判は次のフェイスオフのためにパックをセンターアイスへと滑らせた。パックを前後に動かしながら、次のショットを狙いつつ、彼らが私のゾーンにふたたび戻ってきたとき、私はかろうじてボトルの水を一口飲む時間があった。

(2) エラリー・クイーンの *The Chinese Orange Mystery*（『チャイナ蜜柑の秘密』、角川文庫）の一節です。父であるクイーン警視が、事件は解決しそうだと言ったのに対し、エラリーはこう答えました。生徒訳をどう思いますか。

"I sincerely," muttered Ellery, "hope so."

「ぼくも心から」エラリーはつぶやいた。「そう願うね」

▶ 解説編

(1)
I flicked the puck out of the goal to the referee and he skated it back to the center ice for another face-off. I barely had time to take a drink of water from my bottle when they were back in my zone again, moving the puck back and forth, looking for another shot.

生徒訳

私が審判に向けゴールの中からパックを軽く打ち出すと、審判は次のフェイスオフのためにパックをセンターアイスへと滑らせた。パックを前後に動かしながら、次のショットを狙いつつ、彼らが私のゾーンにふたたび戻ってきたとき、私はかろうじてボトルの水を一口飲む時間があった。

わたしの修正案

わたしがゴールからパックをはじき出すと、レフェリーが受けとってリンクの中央まで滑っていき、ふたたびフェイスオフとなった。ボトルの水を飲む間もなく、敵方がこちらのゾーンにもどってきて、パックを縦横無尽に運び、またもやシュートの機会をうかがいはじめた。

　アメリカのミステリー作家スティーヴ・ハミルトンの『ウルフ・ムーンの夜』（ハヤカワ・ミステリ文庫）の一節です。
　生徒訳にはいくつも難点がありますが、読んでいてわかりづらいいちばんの原因はなんでしょうか。それは、「流れを無視している」ことです。
　この個所について何より大事なのは、もとの英文では、**起こった出来事が時間の順序どおり並べられている**ことです。回想などをして時間が逆転しているところはありません。であれば、訳文でもできるかぎりその順序どおりに情報を伝えられれば、自然とわかりやすくなるはずです。

まず第1文。細かいことでは、「ゴールの中から」は「ゴールから」でじゅうぶんであるとか、「軽く打ち出すと」はもう少し簡潔な言い方でいいとか、審判が2回出てくるけれど1回でじゅうぶんとか、いくつか改善できます。また、現実のアイスホッケーの試合を見ればわかりますが、審判は選手とはちがってスティック（パックを打つ棒のようなもの）を持っていませんから、skated it の意味は「パックを滑らせた」ではなく「パックを手に持って滑った」です（ただし、ここは英文の書き方が悪いです）。フェイスオフ（試合再開）やセンターアイス（リンクの中央）については、訳注を入れるほどでもなく、カタカナのままでかまいません。

　もう1点、「次のフェイスオフのために〜した」という訳し方は、ほとんどの人がそうするでしょうし、よくないというほどでもないのですが、わたしはあえて「〜滑っていき、ふたたびフェイスオフとなった」としてみました。厳密には、英文では試合が再開されたとまでは言っていませんが、つぎの文を読めば再開されたのは明らかですし、**時間の順序どおり、つまり英語の順序どおり訳すほうがあとへスムーズにつながり、読者の頭に情報がはいりやすくなる**という判断からです。

　第2文の生徒訳は非常にわかりにくいですね。ここは、英文では「わたしが水をひと口飲む（or ほとんど飲めない）」→「相手チームの選手たちがこちら側のゾーンに来る」→「パックを動かす」→「つぎのシュートを狙う」というごく自然な順序で4つのことが語られているのに、生徒訳はそれを正反対に近い順序で並べていますから、読者は何が書いてあるのかなかなか理解できません。主人公の緊張を伝えなくてはいけない場面なのに、これではまったく伝わらないでしょう。

　ここも、わかりやすい日本語にするには、時間の順序どおり、英文の順序どおり訳せばいいわけですが、そこで注目すべきなのが "barely ... when 〜" の構造です。これは、大学受験などでおなじみの熟語 "hardly (scarcely) ... when (before) 〜" の変形だと言えますから、"as soon as ..., 〜" などと同様の形で訳せばきれいに決まります。ほかに細かいところで、「彼ら」ではだれのことだかわかりにくいとか、back and forth は「前後」では動きが単調に感じられるとか、いくつか改善すべきことがありま

すが、「流れを無視する」ことに比べたらたいした欠陥ではありません。

　ここで扱ったのは時間の流れですが、一般的な説明文などでも、論理の流れというものは当然あり、原文で情報が提示される順に訳していくほうが原則としてわかりやすいです。

(2)
"I sincerely," muttered Ellery, "hope so."

生徒訳
「ぼくも心から」エラリーはつぶやいた。「そう願うね」

わたしの修正案
「ぼくもそう願うね」エラリーは小声で言った。「心から」

　生徒訳に大きな問題はありませんが、2点だけ指摘します。

　まず mutter の訳ですが、「つぶやく」ではぼそぼそとひとりごとを口にする感じになるので、わたしは「小声で言った」にしました。警視に聞こえるように言ったのなら、そのほうが適切でしょう。

　もうひとつは、台詞の語順です。前問に従って、英文の流れどおりに訳すなら、むしろ生徒訳は忠実に処理しているわけで、そのままでもけっして悪くありません。ただ、日本語では、こんなふうにひと呼吸置いて、ちょっともったいぶった受け答えをするときに、どんなふうに言うだろうかと考え、わたしはあえて原則に逆らって「心から」をあとに持ってきました。そのほうが劇的になって余韻が生まれるのではないか、そして気どり屋のエラリーならいかにもこんなふうに言いそうではないかと判断して、そうしたわけです。原文の流れを無視したのではなく、日本語の生理や作品全体の流れに従ったという言い方もできるかもしれません。

6 | 作者の意図に忠実に

(1) ある小説の冒頭部分です。下の生徒訳ふたつの問題点を考えてください。どちらがよい訳だと思いますか。

The November sky over Manhattan was chain mail, raveling into steely rain.

- マンハッタンでは、11月の空が黒い雲に覆われて、冷たい雨がそこから降っていた。
- 11月のマンハッタンの空はまるで鎖帷子(くさりかたびら)のようで、鉄のような雨がほどけていた。

(2) あなたはふたつの訳文のどちらが好きですか。

A five-foot tall man appeared from nowhere.

- 身長150センチぐらいの男がどこからともなく現れた。
- 身長5フィートの小男がどこからともなく現れた。

▶ 解説編

(1)
The November sky over Manhattan was chain mail, raveling into steely rain.

生徒訳
- マンハッタンでは、11月の空が黒い雲に覆われて、冷たい雨がそこから降っていた。
- 11月のマンハッタンの空はまるで鎖帷子のようで、鉄のような雨がほどけていた。

わたしの修正案
11月のマンハッタン、鎖帷子の空から鋼の雨がほどけて落ちてくる。

　どちらがよい訳だと思ったでしょうか。かつて初級クラスで尋ねたところ、3分の2ぐらいの人が上を、3分の1ぐらいが下を選びました。上のほうが人気が高かった理由は、つまるところ、「上のほうがわかりやすいから」ということでした。
　わたしがもしこのふたつの訳文を100点満点で採点するとしたら、上が0点、下が50点です。採点の基準は「作者がここでいちばん伝えたいことを訳文で反映できているかどうか」です。
　どんな作者でも、作品の書き出しをどうするかには気をつかっていますが、とりわけ、**どんな比喩を用いるかは文芸作品ではきわめて重要**です。小説の技巧のなかでも、比喩は最も作者の個性が反映される部分だからです。
　原文では、まず11月のマンハッタンの空を chain mail（鎖帷子＝鎖でできた長袖の防弾ヴェストのようなもの）にたとえ、さらにそのあと、空が鎖でできていることを受けて、ravel（ほどける）や steely（鋼の）とい

う縁語を使っています。そういった豊かな表現を重ねることによって、暗く冷たく無機的な空のイメージを鮮烈に描き出しているわけです。

それを「黒い雲に覆われて」や「冷たい雨」などと噛み砕いて説明してしまったら、作者の意図は台なしです。たしかにわかりやすくはなりますが、文学としての価値はゼロ。0点をつけたのはそういう理由です。

では、下はどうでしょうか。こちらはたしかに「鎖帷子」「鉄」「ほどける」という語を使っていて、作者の意図を反映していますが、それでも生かされているのは半分だけです。もう一度原文をしっかり見てください。

比喩（たとえ）と呼ばれるものを大きく分けると、直喩（simile）と隠喩（metaphor）の2種類があります。直喩とは比喩であることを明示する形のもので、日本語なら「〜のような」など、英語ならlikeやsuch asなどの語句が前後につきます。一方、隠喩とは比喩であることを直接示さない、つまり「〜のような」やlikeなどの目印を使わない形のものです。「玉のような汗」と「玉の汗」、あるいは「烈火のごとく怒る」と「怒りの炎」のちがいだと言えばわかっていただけるでしょうか。

作家のなかには、直喩が多いタイプの人もいれば、隠喩の多いタイプの人もいます。文芸作品では、**ストーリーのおもしろさだけでなく、表現の機微も同じくらい重要**ですから、翻訳する場合も注意深くそれらを汲みとらなくてはなりません。現実には、さまざまな制約があって、100％は反映できないことが多いのですが、それでも可能なかぎり忠実に反映するのが翻訳者のつとめです。

この英文をあらためて見ると、前半は"The November sky over Manhattan was chain mail"です。likeもsuch asもありませんから、「鎖帷子のようだ」ではなく「鎖帷子だ」と断じているのです（すなわち隠喩）。そのあとのsteelyも「鉄のような雨」と訳せなくはありませんが、この流れのなかでは「鉄の雨」「鋼の雨」とするほうが引き締まって力のある訳文となります。

さらに、後半は"raveling into steely rain"で、ほどけた結果として雨となるということですから、下の生徒訳の最後「鉄のような雨がほどけていた」は舌足らずというか、因果関係がはっきりしませんね。「鎖がほどけ

て鉄の雨となる」などの語順にしたほうがいいでしょう。

　さて、そうは言っても、鎖帷子なんて自分でもどういうものだかよく知らないし、あまりにもわかりにくいのではないか、と感じた人もいるでしょう。しかし、それを言うなら、そもそも chain mail にしても、英語ネイティブの人たちにすらあまり知られていないことばです。若い人の多くは、chain mail と言われても「はてしなくつづく E メール」という意味しか知らないのではないでしょうか。だとしても、ここでその意味だと思うことはまずありえませんし、chain mail は知らなくても、mail に鎧や覆いという意味があることはなんとなく知っているので、「鎖でできた鎧のたぐい」であることは想像しながら読むでしょう。ちょうどそれは、日本人の多くが「鎖帷子」という字面を見たときに想像するものと近いはずです。

　翻訳をするにあたって、わかりやすさはとても大事なことです。ただ、**ときには少々わかりにくくても優先しなくてはいけないこともあり**、文芸作品では特にその点に注意を払ってください。

(2)
A five-foot tall man appeared from nowhere.

生徒訳

・身長 150 センチぐらいの男がどこからともなく現れた。
・身長 5 フィートの小男がどこからともなく現れた。

　009 ページの「表記のルール」に、度量衡については自分なりに決めるように書きましたが、ここではその問題をもう少し深く考えます。センチとフィートのどちらが正解ということではありません。

　わたしが文芸翻訳の仕事をはじめたのは 1990 年代ですが、そのころはまちがいなく、度量衡は原語どおりにするのが原則でした。若いころに読んだ英米作品の翻訳書ではフィートやポンドで長さや重さが表されていましたから、1 フィートが 30 センチぐらい、1 ポンドが 450 グラムぐらいで

あることはいつの間にか覚えました（シェイクスピアの『ヴェニスの商人』に出てきた「胸の肉1ポンド」の生々しさはいまも忘れられません）。

その慣行が少しずつ変わって、センチやグラムに換算して訳す人が増え、最近ではおそらくそちらの人のほうが多数派だと思います。やはり、もとの単位のままではわかりづらく、読者がとっつきにくいからでしょう。その一方で、わかりやすくすることによって失われるものも確実にあります。イギリスやアメリカが舞台なのに登場人物がセンチやグラムを使うことへの違和感を指摘する人も少なくありません。

わたし自身は、いまもまだフィート＆ポンド派ですが、このまま頑なに押し通すべきか、何かのきっかけで切り替えるべきか、いつも迷っているというのが本音です。古典新訳や古めかしい味わいの作品のときは従来どおりで、最新のライフスタイルを描いた作品のときは変えたほうがよいのではないかと考えることもあります。実のところ、近ごろは出版社から、この作品ではセンチやグラムで統一してくれと要請されることもあり、その場合は、よほど不似合いな作品ではないかぎり従います。

これはどちらか一方が正解なのではなく、程度の問題なのです。たとえば、ドルやセントについては、円に換算して訳す人はいませんね。一方、温度に関しては、あまりにもわかりにくく混乱を招きかねないので、華氏（Fahrenheit）のまま訳されることは昔からほとんどなく、摂氏（Celsius）に換算するのがふつうです。フィート＆ポンドとセンチ＆グラムはその中間に位置し、どちらに寄せるかが明確に決まっているわけではありません。

これは（1）の問いでもふれた、わかりやすければなんでもよいわけではないという問題とも通底します。このことは「翻訳とは何か」の本質にかかわることなので、少し話をひろげて説明します。

外国語を母国語に変える翻訳という営みには、ふたつの側面が存在します。

---

[1]　できるかぎり母国語の論理や習慣に近づけてわかりやすくする。

[2]　原著者の意図や海外の事物や習慣をなるべくそのまま紹介する。

このふたつは本来矛盾するものですから、翻訳の作業はかならずどちらか一方の極に寄せるのではなく、そのあいだのどこかで折り合いをつけるのがふつうです。何が書いてあるかを理解できなくては元も子もないので、たいがいは [1] のスタンスをとるわけですが、この問いのような状況では（少なくとも文芸翻訳では）[2] を優先しなくてはなりません。
　そもそも、われわれが海外の小説を読んだり映画を観たりする場合、その魅力がどこにあるかと言うと、ちょうどこれに対応するような形で、大きく分けてふたつあります。つまり、海外の作品には

[1]	海外の人々が日本人と同じように考え、同じことで笑ったり泣いたり悩んだりする姿に共感する。
[2]	それと反対に、日本とまったく異なる文化や習慣のなかで生きている人たちの生活を知り、その相違を楽しむ。

というふたつの大きな魅力があるのです。
　ですから、翻訳もケースバイケースで、ときには [1] を、ときには [2] を優先して作業を進めなくてはなりません（単位に関して言えば、[1] を重んじればセンチ＆グラムを選ぶでしょうし、[2] を重んじればフィート＆ポンドを選ぶはずです）。どちらかが正解なのではなく、両方の考えを組み合わせることで、作品の持つ豊かさや奥行きの深さが伝わるのです。もちろん、そこに訳者の個性が反映されます。
　なお、1フィートは正確に30センチではないので、最初のふたつの訳文の上のほうには「ぐらい」がはいっています。一方、「身長5フィート」ではどのくらいかがわかりにくいので、下の訳文では「小男」としてさりげなく情報を補っています。このような細やかな気づかいも翻訳では必要なことです。

7 | 調べ物で手を抜くな

(1) 古典古代のラテン語です。それぞれ、カタカナで表記してください。

① Cicero　② Vergilius　③ Eusebios　④ Jupiter
⑤ Odoacer　⑥ Ennius　⑦ Sulla

(2) 説明文の一節です。生徒訳のどこがいちばんまずいかを考えてください。

Inspector Maigret ranks high both as a detective and as a gourmet. His favorite dishes appeared in many novels and short stories, and they were introduced in a separate work, *Madame Maigret's Recipes.*

メグレ警部は探偵とグルメの両方として高く位置づけられる。彼の好きな料理は多くの小説や短編に登場し、それらは別の作品の「メグレ夫人のレシピ集」で紹介された。

▶ 解説編

(1)
① Cicero　　② Vergilius　　③ Eusebios　　④ Jupiter
⑤ Odoacer　　⑥ Ennius　　⑦ Sulla

正 解
①キケロ　　②ウェルギリウス　　③エウセビオス　　④ユピテル
⑤オドアケル　　⑥エンニウス　　⑦スラ（スッラ）

　文芸翻訳をするにあたっては、キリスト教、ギリシャ・ローマ神話、マザーグースなどに精通し、ラテン語なども知っておいたほうがよい、などとよく言われます。実のところ、どの程度の知識が必要なのでしょうか。

　この問題も何年かにわたってクラスで使ったので、これまでに100人以上が回答しました。予習なしでやってもらえばどうだったかわかりませんが、事前に宿題として出したため、どの問いも正解率はほぼ100%でした。ほとんどの人が事前にラテン語の知識がなかったにもかかわらず、せいぜい30分程度の準備時間で全問正解できたのです。

　最近は、ネットで検索してラテン語関係の学習サイトなどを見れば、発音などはだれでもすぐに調べられます。もちろん、ラテン語の教養があるに越したことはありませんが、いまの時代の翻訳者にとって何より重要なのは、**手抜きをせずに調べ抜く**ことです。素人でも少し調べればわかることを、翻訳者が調べないわけにはいきません。これはほかの外国語についてもほぼ同じで、よほどの少数民族のことばでもないかぎり、発音だけなら短時間で調べきれるはずです。

　ただ、ラテン語は海外の小説には付き物で、頻繁に出てくるので、この機会に綴り字と発音の関係についてまとめておきましょう。

> 《ラテン語の発音》
> - 翻訳で問題になるのは、ほとんどが古典古代のラテン語。中世の場合は微妙にちがう（小説で中世ラテン語が登場することはきわめて少ない）。
> - 原則はローマ字読み。
> - 母音には、厳密には短母音と長母音があるが、あまり気にしなくてよい。わからなければ長音符を入れないのが無難。安全策をとることも翻訳では大切。
> - アクセントもわからなくてよい。
> - ｎとｍ以外の子音が連続した場合は促音（「ッ」）を入れてもよい。
> - ｃ はつねに [k] の音。「シ」「チュ」とはならない。
> - ｇ はつねに [g] の音。「ジ」「ジュ」とはならない。
> - ｊ はつねに [j]（ユ）の音。「ジ」「ジュ」とはならない。
> - ｖ はつねに [w] の音。「ヴ」「フ」とはならない。
> - ｓ はつねに清音。[z] のように濁らない。
> - ｘ はつねに清音。[gz] のように濁らない。
> - ch は [k]+[h]。同様に ph は [p]+[h]、th は [t]+[h]。

　では、発音は簡単に調べがつくとして、文法や意味はどの程度まで知っておく必要があるでしょうか。

　ラテン語に関して言えば、もちろん基礎的なことをおおざっぱに知っていたほうがいいのですが、知らなくてもたいていどうにかなる、というのが実情です。というのも、作中にラテン語が出てくるのはほとんどの場合が過去の引用句であり、ネットでフレーズ検索すれば、ほぼ確実に英訳が（ときには日本語訳が）見つかるからです。それでも見つからないことは、わたしのように毎日小説の翻訳をしている人間でも年に1, 2回程度しかなく、その段になってはじめて専門家に尋ねたり、信頼できるサイトの掲示板で質問したりすればいい。ほかの主要言語についても、同様のことが言えます。

　そうなると、手抜きをしないことのほかに大事なのは、**「いい友達をたくさん持つこと」**です。言語にかぎらず、さまざまな分野についてくわしい

知識を持っている仲間（理想を言えば、翻訳学習者同士のほうが事情をよくわかってくれます）が多くいれば、困ったときに質問することができます。だとしたら、もうひとつ大事なのは「**自分自身も何かひとつふたつ、どんな質問でも答えられるような得意分野を持つこと**」だというのはおわかりですね。「クレクレ君」に未来はありません。

　文芸翻訳をおこなうにあたって、広く深い教養や、ときにマニアックなまでの知識が必要なのは事実ですが、最初からすべてを具えている人などいません。それよりは、どんなときも徹底的に調べつくし、同じ目標を持つ仲間たちと協力して切磋琢磨していくことのほうが、いまの時代にははるかに重要で、そういったことを何年も積み重ねていけば、知識は自然と身につくものです。

(2)
Inspector Maigret ranks high both as a detective and as a gourmet. His favorite dishes appeared in many novels and short stories, and they were introduced in a separate work, *Madame Maigret's Recipes*.

生徒訳

メグレ警部は探偵とグルメの両方として高く位置づけられる。彼の好きな料理は多くの小説や短編に登場し、それらは別の作品の「メグレ夫人のレシピ集」で紹介された。

わたしの修正案

メグレ警視は捜査官としてだけでなく、美食家としての評価も高い。そのお気に入りの料理は数々の長短編小説に登場し、『メグレ警視は何を食べるか？』という別の本でまとめて紹介されている。

　生徒訳にはいくつか問題がありますが、まずいちばん重要なことから指

摘します。たとえば、これがもし出版社による翻訳者採用試験（現実にはそんなものはありませんが、新人の場合、個人的に編集者にまず試訳を提出して合否が決まる場合があり、トライアルなどと呼ばれています）だとしたら、この生徒訳ではまちがいなく不採用になります。決定的なのは *Madame Maigret's Recipes* の訳です。

　生徒訳の「メグレ夫人のレシピ集」は原語の訳としては正しいのですが、これは実在する本のタイトルですから、何より大事なのは**日本で翻訳刊行されているかどうか**です。もし日本で出ていれば、よほど特殊な事情がないかぎり、そのタイトルをそのまま書かなくてはなりません。さらに言えば、本のタイトルは『　』でくくるのがふつうで、「　」でくくった場合は個々の短編などを表しますから、そこも減点の対象です。

　本のタイトルは、ふつうはネットの検索で簡単に調べられますが、ときには粘り強さが必要とされます。この場合、*Madame Maigret's Recipes* を検索しても、それに対する日本語の訳書はおそらくすぐには出てこないので、多くの人はそこであきらめてしまいます。ただ、そもそもメグレのシリーズはフランスで出版されていますし、*Madame Maigret's Recipes* がフランス語で出た本の英訳であることは調べがつきますから、さらにしぶとく検索をつづけていくと、ほんとうの原題が *Le cahier de recettes de madame Maigret* であることを突き止められるはずです。そこであらためて訳書の有無を調べれば、『メグレ警視は何を食べるか？　フランスの家庭の味100の作り方』（ロベール・J・クールティーヌ著、菊池道子訳、文化出版局、1979）という本が現れます。文芸翻訳の仕事をするには、最低でもこの程度の**勘と辛抱強さが必要**です。

　ほかにも気になることがいくつかあります。

　まず、メグレの役職は大人向けの本のほとんどで「警視」と訳されていて、「警部」なのははるか昔の訳書と子供向けの本だけですから、ここは「警視」にすべきです。英語の inspector に対する訳語もふつうは「警視」ですが、もとがフランス語の小説だということもあり、いま世に出まわっている訳書でどう訳されているかがいちばん大きな判断材料です。

　つぎに、細かいことですが、「探偵」というとどうしても「私立探偵」を

連想しがちですが、メグレは警察官なので、わたしは detective に対して「捜査官」という訳語を与えました。

　また、many novels and short stories を生徒訳は「多くの小説や短編」としていますが、そんなふうに書かれると「えっ、短編は小説じゃないの？」と尋ね返したくなりませんか。わたしが「数々の長短編小説」としたのは、そんな問いかけを考えてのことです。

　最後に、これも微妙ですが、「別の作品の〜」と書くと、ジョルジュ・シムノンが書いたメグレのシリーズの別作品のようにも読める気がするので、わたしは「作品」ということばを使いませんでした。

　いろいろ調べたり、ことばの微妙なニュアンスを考えたりすることは、翻訳という仕事のいちばん大変な、そしていちばん楽しい部分です。

8 | 「めりはり」とバランス

(1) Cindy は 4 歳の少女、Fred はその父親、Carla は Cindy をよく預かっている保母です。この生徒の訳文はおおむねよいのですが、大きな欠陥がひとつあります。どこでしょうか。

Cindy chose this moment to announce that Daddy was an asshole, a new word she had recently picked up at Carla's. Fred slapped her leg and Cindy's tears became howls of anguish.

シンディはこの瞬間を選んで、カーラの家で覚えたばかりの新しいことばを披露しようと、パパのばか、とぶちあげた。フレッドがシンディの脚を叩き、シンディの涙は苦悶のわめき声に変わった。

(2) 小説の一節です。生徒訳に改善すべき点があれば指摘してください。

The man's demeanor had in some intangible manner changed. His face was blank, as before, and his attitude seemed in no way different. Yet the inspector sensed a metamorphosis.

あからさまではないが、男の雰囲気が変化している。顔は相変わらず無表情だし、態度はまったく変わっていない。だが警視は、変貌を感じ取っていた。

(3) 小説の一節です。生徒訳に改善すべき点があれば指摘してください。

The net result of the expert and thorough investigation was nothing.

熟練した綿密な捜査の結果、収穫は皆無だった。

▶ 解説編

> **(1)**
> Cindy chose this moment to announce that Daddy was an asshole, a new word she had recently picked up at Carla's. Fred slapped her leg and Cindy's tears became howls of anguish.

生徒訳

シンディはこの瞬間を選んで、カーラの家で覚えたばかりの新しいことばを披露しようと、パパのばか、とぶちあげた。フレッドがシンディの脚を叩き、シンディの涙は苦悶のわめき声に変わった。

わたしの訳

シンディはここぞとばかりに、カーラの家で最近覚えた斬新な言いまわしを披露すべく、パパはうんこ野郎よ、と言い放った。フレッドがその脚を平手で打つと、シンディの涙は苦悶の叫びに変わった。

「大きな欠陥」は、生徒訳の「パパのばか」です。これは緊張感のみなぎる場面で、Cindy が an asshole という汚いことばで毒づいたのに対し、父親の Fred が怒りを爆発させます。asshole は保母の家で仕入れてきた新しいことばですから、「ばか」程度のあたりまえのことばでは不十分で、父親を一瞬で怒らせるほどの強烈な卑語が必要です。

「くそったれ」でもいいのですが、この手の表現は英語のほうが日本語よりはるかに豊富で登場頻度も高く、fuckin' 程度でも「くそったれ」と訳さざるをえなくなることもあるため（翻訳初心者の訳文は「くそったれ」だらけになることが多いです）、ここはもっと珍しい、いささか違和感があるくらいのことばを使いたいものです。わたしの訳文の「うんこ野郎」は一

例で、原文に近い「ケツの穴野郎」などでもいいと思います。

　もちろん、asshole を「ばか」程度の訳語で処理すべき場合も多いですが、文脈を考えて、**めりはりをつけなくてはいけない場合には、過剰な訳語を選ぶべき**です。恥ずかしがっていては、原著者の意図を正確に伝えることができません。

> **(2)**
> The man's demeanor had in some intangible manner changed. His face was blank, as before, and his attitude seemed in no way different. Yet the inspector sensed a metamorphosis.

> **生徒訳**
>
> あからさまではないが、男の雰囲気が変化している。顔は相変わらず無表情だし、態度はまったく変わっていない。だが警視は、変貌を感じ取っていた。

> **わたしの訳**
>
> 男の物腰がどことなく変わっている。顔は無表情のままで、態度もまったく同じだ。しかし警視は変貌を感じとっていた。

　生徒訳に誤訳と呼べるほどのものはありません。「雰囲気」ということばがやや曖昧で、「物腰」「ふるまい」などのほうがふさわしいでしょうし、「あからさまではないが」が少し大げさな感じがするので「どことなく」程度でじゅうぶんですが、大きなミスというほどではありません。

　むしろ気になるのは、おそらく訳した本人は気づいていないでしょうが、この個所だけで「変」という漢字が4回出てくることです（「変化」「相変わらず」「変わっていない」「変貌」）。特に「相変わらず」と「変

わっていない」が同じ文にあるのは、いただけない。わたしの訳では、metamorphosis は硬いことばなので「変貌」、changed は日常語なので「変わっている」とし、あとのふたつは「変」を使わない表現を選びました。

　異なるいくつかの英単語を日本語にしたときに、ほうっておくと漢字が重なってしまうのはよくあることなので、訳文を見直す際にはそういうことにも気をつけてください。翻訳の仕事をするにあたって、日本語の語彙を豊かにしておきたいのは、こういうときにうまく対処できるようになるためでもあります。英語も日本語も、ことばの「引き出し」が多いに越したことはありません。

(3)
The net result of the expert and thorough investigation was nothing.

生徒訳
熟練した綿密な捜査の結果、収穫は皆無だった。

わたしの訳
練達の技で念入りに調べたものの、収穫はまったくなかった。

　これもいわゆる誤訳はなく、曖昧な表現を使っているわけでもありません。英文の主語の result をそのまま主語として訳すのではなく、修飾関係を変えて処理しているのも、なかなかうまいと思います。

　ただ、これはわたしの目にはとうてい日本語に見えないほどの、ガチガチに硬い訳文です。もとの英文もかなり硬質ですが、訳文はそれをはるかに上まわる硬さで、こういう訳文をいくつも読まされたら疲れてしまいます。小説ではなく、法律の条文でも読んでいる気分になるのではないでしょうか。

そのいちばんの原因は、もちろん漢字の多さですが、よりくわしく言うと、二字熟語がほとんど絶え間なく６つもつづくことです。これだけ漢語を連発されると、読む側は息苦しさすら感じるものです。

　原文がよほど特殊なものでないかぎり、**わかりやすい訳文、読みやすい訳文**というのは、漢語と和語（とカタカナ）のバランスがよくとれたものです。漢語だらけの文を解きほぐす作業は、言い換えれば、名詞中心の単調な文を、動詞・形容詞・副詞などをほどよく配したリズムのよい文へと再構成していくことであり、そのためにはさまざまな小さい技巧が必要とされます。そういう意味で、この問題は文芸翻訳全体の縮図とでも呼べるかもしれません。

　とりあえず、二字熟語が３つ４つ連続したらどれかを言い換えるなど、自分なりのルールを作っておくとよいと思います。

9 | どんな訳文をめざすべきか

(1) あるSF作家が未来の科学技術を予知していたことを評した文です。生徒訳の改善すべき点を考えてください。

It is an amazing vision of the potential power of scientific development to enable exploration of the furthest reaches of the world.

これは地球の最深部の探査を可能にする科学の発展の潜在力への驚異の観察である。

(2) 入院中の親族が心配でたまらない主人公の様子が書かれています。生徒訳の改善すべき点を考えてください。

Waiting for drinks, I fidgeted endlessly with my cell phone, but it dawned on me that it's New Year's Day and the hospital is closed except for emergencies and they're going to call if something is drastically wrong.

飲み物を待ちながら、僕は果てしなく携帯をいじりつづけていたけれど、そのうち、今日は元旦だから、病院は救急をのぞいて閉まっていて、とんでもなく悪いことが起きてしまわない限り病院からの電話はかかってこないということが、だんだんわかってきた。

(3) 小説の一節です。生徒訳の最大の欠点はなんでしょうか。

I saw a video somewhere, sometime, of an octopus that camouflaged itself so perfectly along the ocean floor that it was completely undetectable until some unfortunate whelk or crab or snail came along and it emerged, striking with deadly precision.

いつかどこかで、ぼくはタコのビデオを見たことがある。そのタコは完璧に海の底に化けてしまい、まったく見分けがつかなかったが、不運なエゾバイかカニかカタツムリがやってくると、タコは姿を現して、きわめて正確に獲物に襲いかかった。

▶ 解説編

> **(1)**
> It is an amazing vision of the potential power of scientific development to enable exploration of the furthest reaches of the world.

> **生徒訳**
> これは地球の最深部の探査を可能にする科学の発展の潜在力への驚異の観察である。

> **わたしの訳**
> これは、科学の発展によって地球の最深部の探査がいずれ実現することを見抜いた、驚くべき先見の明である。

　この章では、文芸翻訳において目標とすべき訳文はどんなものかを考えていきます。1番目は**「わかりやすくバランスのよい訳文」**です。前問（【8】の(3)）でも同様のことを説明しました。

　この生徒訳の特徴は、漢字と「の」が多いことです。たしかに原文も硬めで of が多いのですが（4回登場）、訳文はその字面をなぞるのが精いっぱいで、原文の硬さ、わかりづらさをむしろ増幅させ、必要以上に多くの「の」を使っています（6回登場）。ひとことで言えば単調で「直線的」な訳であり、読む人のことを考えているとは思えません。これを、前にも書いた「めりはりとバランス」を重んじた訳文に変えていくためには、以下の点がチェックポイントになると思います。

- 主語と述語の見やすさ
- 修飾関係の見やすさ。特に、日本語の文法で言う連体修飾（形容詞→名詞）と連用修飾（副詞→動詞）のバランス
- ふたつ以上の意味にとれるまぎらわしさの排除
- 漢字とひらがな（とカタカナ）のバランス
- 音読した場合の読みやすさと、句読点の打ち方

こういったことに意識を向けて、生徒訳とわたしの訳文を見比べてみてください。第2部以降も、基本的には同じ考えで説明を進めていきます。

(2)
Waiting for drinks, I fidgeted endlessly with my cell phone, but it dawned on me that it's New Year's Day and the hospital is closed except for emergencies and they're going to call if something is drastically wrong.

生徒訳

飲み物を待ちながら、僕は果てしなく携帯をいじりつづけていたけれど、そのうち、今日は元旦だから、病院は救急をのぞいて閉まっていて、とんでもなく悪いことが起きてしまわない限り病院からの電話はかかってこないということが、だんだんわかってきた。

わたしの訳

飲み物を待つあいだ、ぼくはずっと携帯電話をいじっていたが、きょうは1月1日だから、病院は救急だけがあいていて、ひどく悪いことが起こらないかぎり連絡は来ないのを思い出した。

(2) と (3) はスティーヴン・ローリーの『おやすみ、リリー』（ハーパーコリンズ・ジャパン）の一節です。

めざすべき訳文の2番目は**「簡潔で無駄のない訳文」**です。生徒訳に誤りは1か所もありませんが、とにかく無駄が多く、わたしは読んでいていらいらしてしまいました。
　無駄な個所に＿＿を引くと、こうなります（～～の部分については後述）。

　飲み物を待ちながら、僕は果てしなく携帯をいじりつづけていたけれど、そのうち、今日は元旦だから、病院は救急をのぞいて閉まっていて、とんでもなく悪いことが起きてしまわない限り病院からの電話はかかってこないということが、だんだんわかってきた。

　わたしの訳文と比較してもらうとわかりますが、＿＿の部分はすべて、情報として不要です。その結果、同じ英文を訳しているのに、わたしの訳文とは約1行もの長さのちがいが生じています。
　原則として、同じ内容を伝えるなら、ことばは短ければ短いほど力を持ちます。たとえば、「もどった」と訳せば過不足なく意味が伝わるところで「もどってきた」と訳せば、4文字が6文字になったぶん、反比例してことばの力は3分の2になるということです。「〜てしまう」「〜という」などについても同様で、これは翻訳にかぎらず、文章を書く際の基本です。
　そのほか、「元旦」は「1月1日の朝」という意味なので適切ではなく、そのうえいかにも日本的な表現ですから、翻訳小説にはふさわしくありません。「元日」ならぎりぎりOKですが、ここは安全に1月1日にしました。
　また、「〜ない」が3つ連続しているところは、どれかを別の表現に変えるべきです。

---

(3)
I saw a video somewhere, sometime, of an octopus that camouflaged itself so perfectly along the ocean floor that it was completely undetectable until some unfortunate whelk or crab or snail came along and it emerged, striking with deadly precision.

> **生徒訳**
>
> いつかどこかで、ぼくはタコのビデオを見たことがある。そのタコは完璧に海の底に化けてしまい、まったく見分けがつかなかったが、不運なエゾバイかカニかカタツムリがやってくると、タコは姿を現して、きわめて正確に獲物に襲いかかった。

> **わたしの訳**
>
> いつだったか、どこかでタコのビデオを観たけれど、海底そっくりに擬態したタコは、そこにいるとはまったくわからなかった。ところが、運の悪いエゾバイだかヤドカリだかマイマイだかがやってきたとたん、急に姿を現して、驚くほどの正確さで獲物に襲いかかった。

　目標の第3は「読んでいて矛盾のない訳文、筋の通る訳文」です。この生徒訳はかなりよくできていますが、どうしても許せない個所がひとつあります。それは「エゾバイかカニかカタツムリ」(原語は whelk or crab or snail) です。もう少しくわしく言うと、snail をナメクジではなくカタツムリと訳せたなら、crab の訳語も工夫できたのではないかということです。

　語り手はビデオを観たときの記憶について語っていますが、後半では、よく名前のわからない生き物が現れたと言っています。しかし、whelk はエゾバイ(巻き貝の一種)ですから、残りのふたつもそれと見かけが似たものであるはずですが、カタツムリはともかく、カニはどう考えても巻き貝には見えないのではないでしょうか。そういう考えのもとに crab を調べれば、いくつかの辞書に「カニに似たいくつかの甲殻類の総称。ヤドカリなど」とあるのが見つかるはずです。

　これは英語だけを読んでいては気づきにくいことかもしれませんが、しばらく時間を置いて日本語を読めば、多くの人が、カニではあまりにも不自然だと感じるはずです。そんなこともあるので、見直しは大切です。

10 ｜ 名訳に学ぼう

(1) 『ウォータースライドをのぼれ』（ドン・ウィンズロウ著、東江一紀訳、創元推理文庫）の一節です。これは、訛りが強くて ai を正しく読めない人の発音を矯正するための練習用の文です。どんなふうに訳せばいいか、考えてみてください。

The rain in Spain falls mainly in the plain.

(2) 森のなかで、主人公の男が、体の大きさだけが取り柄の悪漢に追われて、懸命に逃げています。大男が追いつきそうになると、主人公は相手の足もとに枝切れを投げつけ、そのたびに大男は転びます。大男が3度目に転んだとき、主人公は相手に向かって、あきれ顔で以下のように告げます。これを日本語にしてください。

"You haven't learned yet."

▶ 解説編

(1)
The rain in Spain falls mainly in the plain.

> **東江一紀さんの訳文**
>
> ヒマラヤの鄙(ひな)に、終日(ひねもす)ひらひらと雪はひた降る。

　これは下町ブルックリン育ちの女性の ai の発音を「アイ」から「エイ」に直すための、いわばドリルのようなものなので、訳文は意味がどうこうよりも、同じ音が何度かつづくことと、ちょっと読みづらいことの2点を満たしていなくてはなりません。しかし、口で言うのは簡単ですが、実際に日本語にするのはこの上なくむずかしい。訳者の東江さんは、原文となるべく役割や意味が近い語（Spain→ヒマラヤ、rain→雪、fall→ひた降る）を選びつつ、江戸っ子が「ひ」と「し」の言い分けを苦手とすることを意識して、「ひ」で頭韻を踏むという、超人的な名訳をひねり出しました。しかも、あまりにも美しい情景が浮かびあがる一文であり、ただただ感嘆するばかりです。

　不世出の名訳者・東江一紀さんは、2014年にまだ62歳の若さで帰らぬ人になってしまいました。東江さんがいかにすぐれた翻訳者であったかについては、わたしの著書『翻訳百景』（角川新書）にいくつかの具体例とともに紹介してあります。また、これも含めて、東江さんが遺した数々の名訳をお弟子さんたちがまとめた冊子が作られていて、わたしのブログ「翻訳百景」からだれでもダウンロードできます。「ことばの魔術師　翻訳家・東江一紀の世界」というキーワードで検索し、ぜひ今後の学習の参考にしてください。

　問題として採りあげた個所は、門下の那波かおりさんがその冊子で紹介してくれたものです。

(2)
"You haven't learned yet."

ありがちな訳文

「おまえ、まだわからないのか」

田村義進さんの訳文

「少しは学習しろ」

　これは、わたしがまだ翻訳を勉強中だったころ、当時師事していた田村義進先生のクラスで扱っていた英文教材の一部で、「おまえ、まだわからないのか」は当時のわたしの訳文です。そのまま訳せばそうなりますし、特に悪い訳文というわけではないのですが、田村先生の訳文（「少しは学習しろ」）を見せられたとき、自分の訳文との決定的なレベルのちがいを感じました。わたしのほうは、ただ英語の字面を追っただけなのに対し、田村訳は皮肉でややコミカルなニュアンスが絶妙で、この状況にぴったりです。こういう表現に出会うことこそが、まさしく翻訳小説を読む楽しみだと言えるでしょう。

　翻訳技術としては、これは**「否定文を肯定で訳して、切れのよい訳文を作る」**とまとめることができるでしょう。世界初のトーキー映画とされる〈ジャズ・シンガー〉の名台詞 "You ain't heard nothin' yet." に、そのままの「きみはまだ何も聴いていない」ではなく、「お楽しみはこれからだ」という歴史的名訳の字幕がつけられたのも、これと似た例です。

　これをさらにひろげて、「肯定文を否定で訳す」も含めた**「裏返しの言い方で訳す」**というテクニックが功を奏する場合がかなりあります。たとえば、最近のある作品で "I'll be too tired, I have to get some sleep. I have to pace myself." という台詞が出てきたとき、わたしはまず

「くたくたになるだろうから、少し眠らなきゃ。調子を整えないといけないんだ」

と訳しましたが、どうも後半が台詞としてぎこちなく不自然に感じられたので、

「くたくたになるだろうから、少し眠らなきゃ。体調を崩すわけにいかないんだ」

と裏返しの言い方にしたら、ずいぶん自然な台詞になりました。ふつうはこのような言い方をするのではないでしょうか。

　このように、自分が作った訳文がどうもしっくりこないとき、肯定と否定をひっくり返してうまくいくことが、ときどきあるものです。ただし、あまり技に溺れると、どんどん原文から離れていくので、乱発は禁物です。

《コラム1》
伊藤和夫先生から学んだこと

「はじめに」にも書いたとおり、わたしは『英文解釈教室』などの著者である伊藤和夫先生の授業を駿台予備学校で1980年度と81年度の2年間受講し、そのときの体験がいまの翻訳の仕事の原点となっています。もちろん、英文の読み方や訳文の作り方の基本を教わったことが大きいのですが、それだけではなく、仕事をしていくうえで、そして生きていくうえで何が大切かということもいくつか教わりました。

その話をどこかでまとめて書きたいとずっと願っていましたが、『英文解釈教室』などの版元である研究社から本を出す機会を与えていただいたのですから、この場こそが最適だと思います。少しばかり思い入れが強すぎる文章になるかもしれませんが、しばしお付き合いください。

なお、わたしが伊藤先生と個人的にお話ししたのは一度だけで、休憩時間にちょっとした文法の質問をしたのですが、残念ながらそのときのことはほとんど記憶にありません。以下はすべて、300人ぐらいがはいる大教室での出来事です。もう30年以上も前の話なので、細かい部分が事実どおりではない可能性があることをご了承ください。

わたしの著書『日本人なら必ず誤訳する英文』では、英文を誤読しないために、「左から右へ読む」を徹底せよ、そして「予想→確認」や「誤読→違和感→修正」のプロセスに意識を向けよ、などとしつこいくらい強調していますが、もともとそれらは、自分が駿台にかよっていたときに伊藤先生から何度も聞かされたことでした。本書は文芸翻訳の入門書であって、

英語学習の本とは趣旨が異なりますから、その点はあまり強調していませんが、第1部【1】で紹介した「誤訳を防ぐための3か条」の《第1条》や、第1部【5】の「流れを大切に」などはその考えの延長にあると言っていいでしょう。

また、たとえば in fact や indeed は「実際」「事実」よりも「それどころか」のほうが適訳である場合が多いことや、rather than は「〜よりむしろ」より「〜ではなく」のほうが適訳である場合が多いことなども、当時伊藤先生が口頭や板書で何度も説明なさり、わたしの頭に叩きこまれました。ほかにも、伊藤先生の訳出法がいまの自分の翻訳技術の土台になっている部分は数多くあります。

ところで、伊藤先生の授業を実際に聞いた人なら同意なさるでしょうが、けっして音読のうまい先生ではありませんでした。極端なほど平板な、抑揚も切れ目もない読み方をなさったのです。これは戦前世代だったということもあるかもしれませんが、わたしの印象では、構文を生徒に体得させるためには音によって先入観を与えてはいけないという強い意志と配慮があったと思います。

もちろん、教師が流暢に英文を読みあげれば、聞いている生徒は心地よいし、よい発音が身につくかもしれません。ただ、難解な英文の読解に関して言えば、教師が上手に読んでしまうと、それだけで大きなヒントを与えてしまうのです。

Many of us know elderly men and women who no longer act as we have come to expect them to act. I am not talking here about victims of senile dementia. In the examples I am thinking of the person continues to behave in what most people woud agree is a normal manner, but one so remote from his old self that he appears, to those who know him, to be someone else entirely.（わたしの訳文はこのコラムの最後に載せます）

たとえば、『日本人なら必ず誤訳する英文　リベンジ編』でも採りあげた前ページの英文（1989年度東京大学入試問題の一部）のような場合（特に3番目の文）、教師が「正しい」音読をした瞬間に構文がわかり、この英文のどこに引っかかりやすいのか、誤読の原因がなんなのかを究明できなくなるのです。
　わたし自身、かつて予備校講師だった時代にはその点に特に気をつけ、ときには意図的に平板に読むように心がけていましたし、いまも翻訳の講座などで、たまにやるときがあります。そんなときは伊藤先生のことを思い出して懐かしくなります。

　また、最終回の授業では（わたしが聞いた2年とも）こんな趣旨のことをおっしゃっていました。

　「ほんとうの意味で英語を読めるようになるには、積み重ねたときにきみたちの身長と同じ高さになるぐらいの原書や英語雑誌を読まなければならない。きみたちは大学受験の勉強で、いずれそれができるための土台を固めてきたわけで、しっかり勉強してきた人ならもう準備ができている。あとはきみたちしだいだ」

　このことばは、大学にはいってからも、自分が教える立場になってからも、翻訳の勉強をはじめてからも、ずっと自分のなかに残っていました。けれども、いま思うと、これはその後の自分の目標となったものの、完全に正しいとは言えないのです。自分がほんとうに読めているという手応えを感じ、かなりの速さで読み進められるようになるまでに、「身長程度」の英文を読む必要があったのは事実ですが、その何倍もの量をすでに読みこなしたいまでも、まだまだわからないこと、調べなくてはいけないことはいくらでもあるのですから。ともあれ、あの励ましのことばがあったからこそ、

いまの自分があるのですから、ただただ感謝しています。

　しかし、伊藤先生から教わったのは英語の読み方や学習法だけではありません。まちがいなく、わたしはもっと大きなこと、生き方そのものに関することを教わりました（ここから書くいくつかの細かな数値は、ひょっとしたら事実と少し異なるかもしれません）。

　当時の駿台は1コマ50分授業で、1学期には各コマが11回ずつありました。最初に渡された英文解釈のテキストには、[1]から[11]までの大問として、長文とそれぞれ数題の設問が載っていました。たしか英文の短いほうから順に配列されていたはずです。生徒は1コマぶんを予習して授業に臨むのですが、わたしは（そして、おそらくほとんどの生徒は）第1回の授業の前に、最初だからそう進むことはないだろう、11コマで[11]までだから、まさか[2]まではやるまいと思って、[1]だけを予習していきました。

　授業がはじまり、最初の10分ほどは英文を読んで訳すうえの心構えなどの説明があって、そのあとで[1]の解説になりました。そして、終了の1, 2分前、その解説が終わり、だれもがテキストとノートを閉じようとしたその瞬間、伊藤先生の声が響きました。

「1番はこれで終わり。つぎ、2番！」

　そしていきなり[2]の冒頭の一文の解説がはじまったのです。予習していなかったわたしは（そして、おそらくほとんどの生徒は）面食らい、次回は[2]だけではなく、念のため[3]の予習をしていきました。

　2年目の最初の授業でも、伊藤先生はまったく同じように、最後の1分で唐突に[2]にはいりました。おそらく、すべて予定どおり、すべて計算ずくのことだったのでしょう。当時の自分は驚くばかりでしたが、あとになって考えると、そこからは、どんな状況でも1分でも無駄にしてはいけない

という強いメッセージと、同じ英文を2週にわたってより深く予習させようというきびしくもあたたかい配慮を感じることができました。

　もうひとつ、もっと強烈に記憶に残っている出来事があります。
　駿台は全クラスが座席指定制ですが、人気講師の授業になると「もぐり」の生徒が大挙して押しかけました。あいている席には早い者勝ちで別クラスの生徒がすわり、通路にもおおぜいが腰をおろしたものです。当然、席とりをめぐるトラブルもときどき起こりました。
　ある日、伊藤先生の授業がはじまった数分後、前のほうの空席にすわっていた「もぐり」の生徒を、休憩からもどったその席の正規の生徒がどかせようとしていました。眉をひそめてそれを見ていた伊藤先生は、そこでもぐりではなく、正規のほうの生徒に向かって「おい、きみが出ていけ！」と一喝したあと、こうおっしゃいました。

　「予備校側は、たしかにきみたちの席を用意している。お金を払ったきみたちには、その席にすわる権利がある。でも、それは授業がはじまるまでだ。始業のベルが鳴った瞬間、その席に着いていない人間の権利は消滅するんだよ」

　伊藤先生から教わったのは、英語の読み方だけではありません。権利とは何か、ルールとは何か、時間厳守とは何かということも教わりました。

　わたしはいま、たとえば朝日カルチャーセンターのクラス生の自主提出課題は、締め切りを1秒でも過ぎたら受理しません。また、どんなに実力があっても、どんなにセンスがよくても、特に理由なく授業によく遅刻してくる人は締め切りも守れない可能性が高いので、翻訳やリーディングの仕事の手伝いなどは頼まないことにしています（もっと言うと、いつも

始業時間ぎりぎりに現れる人や、締め切りぎりぎりに提出する人も好きではありません)。

そんなふうに徹底しているのは、もちろん自分が翻訳の仕事をはじめてからのあれこれの経験ゆえの判断ですが、原点にあるのは、10代の終わりのあの伊藤先生の一喝だと思っています。

最後に、英文和訳と翻訳の話にもどります。わたしはよく学習中の人から「翻訳を勉強中ですが、日本語を鍛えるにはどうしたらいいですか」と尋ねられますが、そういうときには、「翻訳をすること自体が最高の訓練です」と答えることにしています。もちろん名文や名訳を読むのもいいことですが、それはあくまで受け身の作業です。自分で徹底的に調べて、原文の制約のなかで最大限に力のある日本語を書く以上の訓練はありません。

一方、「翻訳を勉強中ですが、英文の読解力を鍛えるにはどうしたらいいですか」という質問に対しても、まったく同じく「翻訳をすること自体が最高の訓練です」と答えます。訳文を作るときは逃げもごまかしもできないため、目の前の英文を深く正確に読みとる練習として最適だからです。

しかし、そんなふうに答えながらも、頭のなかでは伊藤和夫先生が口癖のようにおっしゃっていたことばがいつも響いています。

「英文を読めるようになるためには、英文を読むしかない」

そう、「翻訳ができるようになるためには、翻訳をするしかない」のです。

【069ページの英文の訳例】
　わたしたちの多くは、こちらが予想するとおりの行動をとらなくなってしまった年配の人たちを知っている。老人性の認知症の話ではない。わたしがここで考えている例では、その人はたいていの人ならまともだと認めるようにふ

るまってはいるが、かつてのその人のふるまい方とはかけ離れているため、知り合いの目から見るとすっかり別人のように感じられる。

第 2 部

文芸翻訳の実践

1 | 表記のルールを守ろう

📝 イギリスの小説です。Maurice（50歳）と Charlie（36歳）は兄妹で、Beatrix はふたりの伯母にあたります。また Mrs Mentiply は Beatrix の家政婦です。

ここからは、自分の訳文を作ってから、わたしの訳文と解説を見てください。

"Hello?"

"Charlie? This is Maurice."

"Maurice? What a lovely surprise. How —"

"Not lovely at all, old girl. I've got bad news. It's Beatrix."

"Beatrix? What —"

"Dead, I'm afraid. Mrs Mentiply found her at the cottage this afternoon."

"Oh, God. What was it? Her heart?"

"No. Nothing like that. It seems . . . According to Mrs Mentiply, there'd been a break-in. Beatrix had been . . . well . . . done to death. I don't have any details. The police will be there now, I imagine. I'm going straight down. The thing is . . . Do you want me to pick you up on the way?"

"Yes. All right. Yes, perhaps you could. Maurice —"

"I'm sorry, Charlie, really I am. You were fond of her. We all were. But you especially. She'd had a good innings, but this is . . . this is a God-awful way to have gone."

"She was murdered?"

"In the furtherance of theft, I suppose. Isn't that how the police phrase it?"

"Theft?"

"Mrs Mentiply said there were things taken. But let's not jump the gun. Let's get there and find out exactly what happened."

"Maurice —"

"Yes?"

"How was she killed?"

"According to Mrs Mentiply . . . Look, let's leave it, shall we? We'll know soon enough."

"All right."

"I'll be with you as soon as I can."

"OK."

"Have a stiff drink or something, eh? It'll help, believe me."

"Perhaps you're right."

"I am. Now, I'd better get on the road. See you soon."

"Drive carefully."

"I will. Bye."

"Good bye."

▶ 解説編

わたしの訳

「もしもし」
「チャーリー？　モーリスだ」
「モーリスですって？　びっくりさせてくれるわね。元気で──」
「それが、いい話じゃない。悪い知らせなんだ。ベアトリックスのことだよ」
「ベアトリックス？　いったい──」
「亡くなった。きょうの午後、ミセス・メンティプリーが家へ行ってわかった」
「信じられない。原因は何？　心臓？」
「いや、ちがうんだ。どうも……ミセス・メンティプリーの話だと、何者かが押し入ったらしい。ベアトリックスは……つまり……人の手にかかったんだ。くわしいことはわからない。たぶん、警察が着いているころだと思う。わたしはすぐに出るつもりなんだが……いっしょに乗っていかないか」
「ええ、そうね。お願いするわ。モーリス──」
「チャーリー、さぞつらいだろう。きみはベアトリックスが大好きだったからな。もちろんみんなが好意を持っていたが、きみは別格だった。たしかに高齢だったけど、こんな……こんなむごい死に方をするなんて」
「殺されたってこと？」
「窃盗の目的を全うするために。警察ならそんな言い方をするだろうな」
「窃盗？」
「ミセス・メンティプリーが言うには、盗まれたものがあるそうだ。しかし先走りはやめよう。実際に出向いて、この目でたしかめたい」
「モーリス──」
「なんだね」
「どんな殺され方だったの？」
「ミセス・メンティプリーは……いや、やめておこう。すぐにわかることだ」

> 「そうね」
> 「できるだけ早くそっちへ行く」
> 「わかったわ」
> 「何か気つけになるものを飲んでおくといい。きっと役に立つから」
> 「そうかもしれないわね」
> 「請け合うよ。さあ、そろそろ出たほうがいいな。それじゃ、あとで」
> 「気をつけて来て」
> 「ああ。じゃあ、また」
> 「じゃあね」

　イギリスのミステリー作家ロバート・ゴダードの『鉄の絆』（創元推理文庫、原題 *Hand in Glove*）の一節です。厳密に言うと、Beatrix はふたりの伯母ではなく、もう少し複雑な血縁関係があるのですが、ここでは伯母と考えても差し支えないので、そのつもりで話を進めます。

　ざっと読んで、電話でのやりとりだとわかったと思います。会話のやりとりなのでそれらしく訳す、というのは当然ですが、その前に、第2部の最初の問題だということもあり、表記などに関する重要事項をいくつか説明します。

　009 ページに表記のルールをまとめましたが、みなさんの作った訳文は、それをすべて守っているでしょうか。このルールは、文芸翻訳のクラスでは、最初に全員に説明するか、少なくとも資料として配布しますが、つぎの回にこの問題を扱うと、3分の1から半分ぐらいの人が、そのルールを守らない訳文を書いてきます。

　いちばん無視する人が多いのは、4番目の「段落中の疑問符（？）、感嘆符（！）のあとは1マスあける」です。1マスあけない人はたぶん4人にひとりぐらいいますし、逆に段落中ではないのに（この問題で言えば、台詞の終わりなのに）1マスあける人も少しいます。

　つぎに多いのが、5番目の「カギや括弧などを閉じる直前には句点をつけない」を守らない例です。たしかに、子供のころには、カギの前に句点を書くように学校で教わっていたでしょうし、いまも国語の教科書ではそ

うなっていますが、ふつうに世の中に出まわっている刊行物はどうでしょうか。子供向けのものは別とすると、翻訳書であれ日本人著者の本であれ、ほとんどがカギの前に句点を入れていないはずです。であれば、それに従うのが当然です。

　3番目の第2文「ただし、カギや括弧などではじまる場合はいちばん上から」を守らずに、全部1マスあける人もずいぶんいます。一部の出版社や新聞社で、1マスあけるのをルールとしているところもたしかにありますが、大部分はあけずにいちばん上でそろえているはずです。

　ところで、この問題の最初の行の"Hello?"がほかの行に比べて左に寄っているのに気づいたでしょうか。これは誤植ではありません。ここは、先ほどの3番目のルールの第3文「章のはじめなどで、原文が左詰めで書かれていても、訳文は1マスあける」に該当します。英文では、段落のはじめは日本語と同じようにある程度のスペース（インデントとも言います）を入れますが、章のはじめや1行あきのあとはスペースを入れずに左寄せにするのがふつうです。しかし、日本語にはそういうルールがないので、ほかの段落（この問題の場合はほかの台詞）と同じ位置からはじめてかまいません。

　もうひとつ、6番目のダッシュ（──）と三点リーダー（……）についても、2マスにしない人が少なくありません。これについては、単に表記だけでなく、読みとりの深いところにまで大いに影響する場合もあり、この問題の英文はまさにその例なので、あとでくわしく説明します。

　同業の翻訳者で、コンクールやトライアルの採点・講評を引き受ける人がかなりいますが、みな口をそろえて「なぜあんなに表記のルールを守らない答案が多いのか」と嘆きます。そんな細かいことはどうでもいいじゃないかと思われるかもしれませんが、実のところ、**表記のルールは守っていないけれど非常にうまい翻訳**、などというものは、いまだかつて一度も見たことがありません。というのも、ここまであげた表記のルールは、本をある程度読んでいる人、特に翻訳書を多く読んでいる人なら、まったく言わずもがなのことばかりだからです。**ふだん読んでいる本、ふつうに出版されている翻訳書と同じように書けばいいだけ**ですから、何もむずかし

いことはありません。逆に言えば、そのルールを守っていない人はろくに翻訳書を読んだことがないのが一目瞭然であり、そんな人にすぐれた翻訳ができるはずがないので、審査する側もそれだけで自信を持って落とすことができるわけです。

　最初から小言のようなことばかり書いてしまいましたが、これはとても大事なことなので、気をつけてください。

　さて、つぎに固有名詞の発音の話。
　Maurice, Charlie, Beatrix, Mrs Mentiply の4人の名前が出てきますね。「モーリス」と「チャーリー」は問題ないでしょう。ちなみに Charlie は Charles という男性の愛称であることが多いのですが、Charlotte という女性の愛称でもあります。

　Beatrix については、ベアトリックス、ビアトリックス、ベアトリクス、ビアトリクスのどれでもかまいません。おそらく原音に近いのは「ビ」ではじまるほうでしょうが、「ベ」ではじまる表記もよく見られます。

　問題は Mentiply で、これはどの辞書にも載っていないと思います。メンティプリーなのか、メンティプライなのか、どちらでしょうか。

　こういうとき、決定的な方法というものはないので、あの手この手で調べることになります。

　まずは、ネット上にいくつかある発音サイトを使うこと。綴りを入れれば機械的に発音してくれます。イギリス式とアメリカ式を選べるサイトもあります。

　あるいは、オーディオブックが出ている場合は、それで該当個所を聞くこと。これは機械ではなく人間がしゃべっています。

　信頼できるネイティブに尋ねるという手もあります。これはイギリスの小説なので、イギリス人のほうがいいかもしれません。

　ただ、どの方法にしても絶対ではありません。そもそも、大辞典に載っていないような固有名詞の発音は、人によって、あるいは地域によってちがう読み方をする場合がほとんどです。

　そしてもうひとつは、正確にどう発音するかは別として、日本でどう表

第2部　文芸翻訳の実践

記されているかを調べること。たとえば、検索エンジンに「メンティプリー」と「メンティプライ」の両方を入力して、ヒット数を比較します。その場合、大事なのはヒット数だけでなく、どの程度信頼できるサイトでそう記されているかも考慮しなくてはなりません。

今回の場合、上にあげたすべての方法を試したところ、どれも「メンティプリー」が優勢だったので、訳例ではそちらを選んでいます。

もちろん、そんなふうに一方的に決まらない場合はよくありますが、そういうときもどこかで見切り発車せざるをえません。ただ、いくつかの方法で裏をとってあれば、仮にクレームがついたような場合も、根拠を示せます。どのみち完璧にはならないのですから、現実問題としてはそこまでやってあればじゅうぶんです。

さて、つぎに、先ほど少しだけふれたダッシュ（──）と三点リーダー（……）の問題を考えます。原文では「—」と「...」ですが、日本語では2マスを使って表記するのが原則でしたね。

ところで、これは英語でも日本語でも同じですが、そもそも「—」と「...」（あるいは「──」と「……」）は、台詞の終わりについた場合には、どのように使い分けられるのでしょうか。これについては

> ──　は、何か言おうとしたのを相手にさえぎられたとき。
> ……　は、自分自身で迷ったりして言いよどんでいるとき。

というちがいがあります。この英文には「—」が4回、「...」が6回出てきますが、すべてそれに該当しているのがわかるでしょうか。作家によっては、あまり厳密に使い分けない人もいますが、この小説の書き手はしっかり区別して使っています。

そして、よく見ると、4回の「—」はすべてチャーリーの台詞の終わりにあり、チャーリーが何か言おうとするのをモーリスがさえぎっています。一方、6回の「...」はすべてモーリスの台詞の途中にあり、モーリスがひどくしゃべりづらそうにしているのがわかります。

さて、これはモーリスがチャーリーに伯母の死を電話で伝える場面ですが、どうやら自然死ではないらしいことが読者にもだんだんわかってきます。いったい何が起こったのかとチャーリーが問いつめようとするのに対し、モーリスはそれを再三さえぎり、奥歯に物のはさまったような話し方をして、なかなかはっきりとは答えません。10行目で "Beatrix had been ... well ... done to death." と言っているのが、その最たるものでしょう。ここをどう訳すかが非常にむずかしい。done to death は「死に至らしめられた」という感じですが、会話のなかでそんなことを言うのはいかにも変ですから、もう少し砕けた表現にしたいところです。とはいえ、なかなかぴったりの言い方を思いつかないかもしれません。

　ただ、どう訳してはいけないかだけははっきりしています。ここでモーリスがあえて口にせずにいることばはなんでしょうか？　そう、killed あるいは murdered ですね。ずっと年下の妹チャーリーを傷つけたくないからでしょうが、このあともまわりくどい話し方に終始しています。そして、さらにまわりくどく a God-awful way to have gone と言ったところで、苛立ったチャーリーがついに単刀直入に "She was murdered?" と尋ねるわけです。その9行下に killed が出てきますが、これもチャーリーの台詞です。モーリスは最後の最後まで、はぐらかすような受け答えをつづけています。

　以上から考えて、done to death の訳としては、「殺された」「殺害された」が最もよくないとわかりました。あとは、それと似た意味のなるべく遠まわしな表現を、時間をかけて探してください。「人の手にかかった」などが出てくればいいのですが、初学者の段階では、「殺された」がいちばんまずいことに気づいていればじゅうぶんです。

　この英文は、全体としてはさほどむずかしくありませんが、翻訳の勉強の第一歩として、上記のような深い読みとりが大事であることを知ってもらうために、第2部の最初の問題として選びました。

　以下では、まちがいが多い箇所や、表現上の工夫が必要な箇所について、まとめて説明します。

英文4行目の old girl は妹に対する親愛をこめた呼びかけにすぎないので、特に訳出する必要はありません。無理に日本語をあてようとしても珍妙に浮くだけです。

　6行目の cottage は、イギリスでは（テラスハウスやフラットなどではない）ふつうの一軒家を指す場合が多いことばです。ここだけでは断定できませんが、「別荘」ではない場合がほとんどですし、「コテージ」では山小屋のようなものを連想してしまいます。

　12行目の going straight down を「直行する」と訳す人がいますが、ここでは不適当です。というのも、そのすぐあとで、チャーリーの家に寄ってもいい、つまり直行しなくてもいい、と言っているからで、それではつじつまが合いません。辞書を見ればわかりますが、この straight の意味は「まっすぐ」ではなく「すぐに」です。

　15行目の I'm sorry は、ここでモーリスが謝る理由はないので、「ごめん」ではなく「気の毒に」などと訳すべきです。

　16行目の had a good innings の処理がちょっとむずかしい。辞書には「天寿を全うする」「長生きする」「幸せに生きる」などとありますが、まず「天寿を全うする」は、殺されたのですから、まったく矛盾する言い方です。残りのふたつは、変ではないものの、あとの「こんなひどい亡くなり方をするなんて」にいちばんうまくつながるのは、「たしかにもういい歳だったけど」のように「いつ死んでもおかしくない」という含みが少しある言いまわしではないでしょうか。

　19行目の In the furtherance of theft も厄介です。文字どおり言うと「盗みを促進するために」で、盗みにはいったのを気づかれたか邪魔されたので殺した、ということです。ただ、このあとで「警察ならそんなふうに言うんじゃないか」と言っているので、いかにも警察の使いそうなことば、あるいは法廷用語っぽい響きのあることばが望ましいことになります。とはいえ、モーリスは法律や捜査の専門家ではないのですから、正確な法律用語でなくてもかまいません。

　わたし自身は、意味を重んじて、「窃盗の目的を全うするために」というかなり堅苦しい響きのある訳にしましたが、「強盗致死」などの訳語も、完

全にこの英語どおりではないものの、ここでは悪くないと思います。

　そのあとは、さほど処理に困るところはなさそうです。強いて言えば、最後から6行目の a stiff drink は、「強い酒」にはちがいないのですが、ここは少量のブランデーか何かを口にして心を落ち着かせるという趣旨ですから、「気つけ」ということばがベストです。「強い酒」だと、なんだか酔ってふらついてしまいそうな感じがします。

　ほかの部分についても、ゆっくり訳文を突き合わせて自己評価をしてください。

2 | どんな順序で伝えるか

📝 『ダ・ヴィンチ・コード』のパロディ本 *The Da Vinci Cod* の冒頭部分です。

Jacques Sauna-Lurker lay dead in the main hallway of the National Art Gallery of Fine Paintings, in the heart of London, a British city, the capital of Britain, with a population density of approximately 10,500 people per square mile and a total population of approximately seven million people, unless by 'London' you include the Greater London Area, which has a population of about twenty million people and a slightly lower population density per square mile.

The National Gallery of London is one of the most beautiful of the many Art Galleries and Museums in London, and Jacques Sauna-Lurker had been curator of its many beautiful paintings and valuable sculptures for twelve years. He was a well-known and widely admired man, a great scholar, and a friend to the arts.

But now he had been brutally slain. A three-foot-long codfish had been inserted forcefully into his gullet, blocking both oesophageal and tracheal tubes.

This was no ordinary murder.

▶ 解説編

> **わたしの訳**
>
> 　ジャック・サウナニカクレールの死体が横たわっていたのは、ロンドン中心部にあるナショナル・ギャラリーの中央通路だった。ロンドンはイギリスの都市、同国の首都であり、1平方マイルあたりの人口密度はおよそ1万500人、総人口はおよそ700万人だが、ここでいう「ロンドン」をグレーター・ロンドン全域と見なすなら、人口はおよそ2000万人で、1平方マイルあたりの人口密度はわずかに低くなる。
>
> 　ナショナル・ギャラリーはロンドンにあるあまたの美術館や博物館のなかでも有数の美しさを誇るが、ジャック・サウナニカクレールはここで12年にわたって館長をつとめ、数多くのみごとな絵画や貴重な彫刻作品を管理してきた。広く尊敬を集める著名人であり、すぐれた研究者であるとともに芸術の友でもあった。
>
> 　だが、いまやむごたらしく殺害されていた。喉に体長3フィート（90センチ以上）もあるタラが力ずくで押しこまれ、食道と気管の両方がふさがれている。
>
> 　これは尋常な殺人ではない。

　The Da Vinci Code が刊行されたのは2003年3月（日本でわたしの訳書『ダ・ヴィンチ・コード』が出たのは2004年5月）です。ベストセラーの宿命で、関連本や批判本が多数出されましたが、中でもこの *The Da Vinci Cod* はきわめて異色のもので、当時はかなり話題になったものの、日本で翻訳刊行されることはありませんでした。

　作者の名は Don Brine（ドン・ブライン）。もちろん、『ダ・ヴィンチ・コード』の作者 Dan Brown に似せた名前なのですが、音が似ているだけでなく、cod（タラ）に合わせて brine（海水）という語を選んでいます。ちなみに、この本の表紙には"NOT THE #1 NEW YORK TIMES BESTSELLER" とあり、さらに fishy parody という文字が見えます。fishy には「魚っぽい」だけでなく、「いかがわしい」という意味もあります。

こんなばかげた本を書いた人の正体が気になるところですが、Don Brine は本名が Adam Roberts というロンドン大学の教授で、19世紀英文学と創作を専門としているそうです。詩やＳＦなどの研究書を多く著す一方、さまざまな筆名を使い分け、*The Soddit*（『ホビットの冒険』のパロディ）、*Star Warped*（映画〈スター・ウォーズ〉のパロディ）、*I Am Scrooge: A Zombie Story For Christmas*（『クリスマス・キャロル』のゾンビ版パロディ）などを書いています。

　この英文は、本家『ダ・ヴィンチ・コード』の冒頭、ルーヴル美術館でジャック・ソニエール（Jacques Saunière）という人物の全裸死体が発見される場面を下敷きにしています。Jacques Sauna-Lurker というのは、むろんこの人物を意識してつけられた名前です。訳文ではこれをどう処理すればいいでしょうか。
　単純に発音どおり表記すれば、「ジャック・サウナーラーカー」あたりでしょう。ただ、この作品はくだらない親父ギャグ満載のＣ級パロディ本であり、そういう作品であることをしょっぱなから堂々と示す意味でも、ここでは大胆に冒険してみましょう。
　作者がなぜこんな名前を選んだのか、正確なところはわかりません。単にソニエールに似せるだけなら、もっと音韻の近い名前を選ぶほうがよい気がします。Sauna（サウナ）と lurker（隠れる人）を組み合わせた意図ははっきりしないものの、どことなくいかがわしい響きがあるのはまちがいありません。また、元ネタのソニエールは死体が全裸で発見されるわけですから、裸を連想させる響きを持つ語を使ったのは偶然ではないと思います。
　かつてクラスでこれを訳してもらったところ、単に「ジャック・サウナーラーカー」とした人が半分ぐらいでしたが、これではパロディであることがまったく伝わりません。すぐれた訳語として、「ジャック・サウナニイル」というものがありました。「サウナにいる」という意味を持ちつつ、ソニエールと似た響きにもなっているので、なかなかよいと思いますが、響きが弱いので「サウナにいる」の含意を読みとってもらえない可能性も

あり、おふざけの意図が読者に伝わりにくいかもしれません。

　こういう部分の匙加減は非常にむずかしく、何年この仕事をしていても、自信を持ってこれが最良の訳だと提示することはできません。笑いのツボは人それぞれ個人差があるものですし、翻訳においてはそれに加えて、原著者の意図がどんなものかと推し量ったり、わかりやすさと味わいのどちらを重んじるべきかを考えたりする問題も付きまといます。大げさに訳したほうが笑える場合もあるし、逆に控えめのほうが笑いを引き出せる場合もあります。

　わたし自身は、まず「サウナニカクレール」（サウナに隠れる）というのを考えましたが、いささか長くて切れが悪いのと、もう少し「ソニエール」に近い響きにしたほうがよいという判断から、以前クラスの教材で使ったときには「サウナデネール」（サウナで寝る）にしました。いまは、少々切れが悪くても一読してばかげたパロディだとわかる「サウナニカクレール」のほうがやはりよいのではないかと感じているので、今回はそちらにしています。

　なお、Sauna-Lurker のように名前がハイフンでつながれているのは、一般には結婚などの理由でふたつの苗字を連結させるという場合が多いのですが、そのような例は高貴な家柄の人間である場合が少なくないこともあって、いかにも上流階級っぽいニュアンスが感じとれます。わたしがかつて訳したイギリスの小説には、ふつうのひとつだけの苗字なのに、あえてそのあとにハイフンつきの偽名を添えて箔をつけようとしている骨董品商が登場しました。Sauna-Lurker にもそんな響きがあるので、意味のうさんくささとのアンバランスゆえの珍妙な響きがあります。

　このハイフンを日本語にする場合は、そのままハイフンにするか、「=」でつなぐかのどちらかで、「・」にはせずに使い分けるのがふつうです。この問題では、「サウナニカクレール」自体がすでに現実離れしているので、その点にあまりこだわる必要はありません。

　さて、あらためて英文を見てみると、第1段落がずいぶん長いにもかかわらず、センテンスはたったひとつであることに気づきます。こういう場

合の処理はどうすればいいでしょうか。長いセンテンスを訳出するときには、目標とすべきことがふたつあります。

　第1の目標は、第1部の【5】でも少しふれたとおり、なるべく英文の流れに沿って訳すことです。英文には、いつ、だれが、どこで、何をしたというような具体的な情報が左から右へ、上から下へと並べられているわけですが、英語を母国語とするネイティブは、当然ながらその情報を英文の順序どおりに頭に入れていきます。その思考の流れに可能なかぎり忠実に従って、それを反映させるのがよい翻訳だと言えるでしょう。**ネイティブと同じ順序で日本人が情報を取りこめるような訳文を作るのが目標だ**ということです。

　第2の目標は、**なるべくセンテンスの切れ目を変えない**ことです。長い文を短く切れば、訳しやすいし、そのうえわかりやすい日本語になるのはたしかですが、そうすることによって、原文の持つ味わいや歯応えは確実に失われます。小説の書き手のなかには、マルセル・プルーストのように1文がものすごく長い作家もいれば、ジェイムズ・エルロイのように極端に短い文を積み重ねていく作家もいます。翻訳作業を通じて日本人の読者に伝えるべきものは、表面的な意味だけではありません。文体もまた同じくらい重要であり、それを忠実に反映させるためには、原則としてセンテンスの切れ目を変えないよう、ぎりぎりまで努力すべきです。これについては、第2部の【5】でも扱います。

　とはいえ、ふたつの目標を同時に達成するのは至難の業です。そもそも、このふたつは矛盾しているとさえ言えるでしょう。英文の流れに沿おうとすれば、いくつかの文に分けて訳さざるをえない場合は多いですし、逆に、なんとしても1文のままを保とうとすれば、前後をひっくり返して訳すほかに方法がないこともしばしばあります。

　それでもなお、**一見相反するふたつの目標をどうにかして同時に実現して**いく、あるいは、かぎりなくそれに近づけていくのが小説の翻訳者のつとめであり、また、それを実現できた訳文こそが最もすぐれたものだと言えるでしょう。

　現実には、ふたつを100パーセント同時に成り立たせることが不可能な

ことも多く、そういう場合は、どちらを優先させるべきかをよく考えて、妥協したり、あるいは一方を完全に切り捨てたりという決断をすることになります。では、第1段落の英文では、どちらを優先すべきなのでしょうか。

その前に、この英文に盛りこまれた情報を、書かれている順にまとめましょう。この文のなかには、大きく分けて4つの情報が含まれています。

> [1] Jacques Sauna-Lurker の死体が National Art Gallery の通路に横たわっていた。
> [2] National Art Gallery があるのはイギリスの首都ロンドン。
> [3] ロンドンの人口密度と総人口。
> [4] Greater London の人口と人口密度。

この4つを並べて気づくのは、**小さな内容から大きな内容へと徐々に話がひろがっている**ことです。美術館の通路の光景からはじまって、美術館のある都市ロンドンの説明がされ、さらに Greater London (the City of London と周辺の自治区 borough からなる地域) の話へ移っていきます。これは明らかな意図があってこういう流れになっていると察せられるので、訳文においても4つの情報をなんとしてもこの順序で提示したい。だとしたら、第1の目標のほうを優先し、センテンスの数については、さすがに4つではまずいですが、ふたつぐらいまでならよしとすべきでしょう。

また、前にも書いたとおり、この部分は『ダ・ヴィンチ・コード』の冒頭部分の完全なパロディになっています。英文の読者の多くは、Jacques Sauna-Lurker という名前を見ただけで、すぐ『ダ・ヴィンチ・コード』の Jacques Saunière を思い浮かべるでしょうし、さらには、つぎの lay dead を見ただけで、ああ、ソニエールも大の字の恰好で横たわっていたんだったな、と瞬時にして連想するはずです。それと同じ効果を日本語でも狙うなら、訳文でも、サウナニカクレールの名前と、死体があったという事実をなるべく早く提示したい。だとしたら、なんとしても「ジャック・

サウナニカクレール」で文をはじめるべきですし、さらに言えば、「ジャック・サウナニカクレールは〜で死んでいた」とするよりも「ジャック・サウナニカクレールの死体が横たわっていたのは〜だった」とするほうがいいでしょう。そのほうが、この作品の読者（多くは『ダ・ヴィンチ・コード』の読者でもある）に対して親切だからです。

　もうひとつ、ここで考えたいのは、この段落に記されている蘊蓄のばかばかしさ、あるいはくだらなさです。本家の『ダ・ヴィンチ・コード』では、スピード感を損なわない程度に、読者が興味を持ちそうな驚くべき豆知識を文脈に即してうまく織りこんでありましたが、この段落にあるロンドンの話は、はっきり言ってどうでもよい、へなちょこ蘊蓄です。このへなちょこぶりをなるべくそのまま伝えるためにも、小から大へという流れは忠実に守りたい。くだらなさを増幅させるために、あえてたどたどしい日本語でつなぐという手もあるかもしれませんが、それを読者に感じとってもらうのは非常にむずかしいです。むしろ、淡々と、あえてくそまじめに語ることによってこそ、逆にいわく言いがたいユーモアが生まれるのではないでしょうか。

　以上のことから、わたし自身の訳では、4つの情報のうちの1番目だけをまず1文で訳し、残り3つを第2文にまとめるという形にしました。おそらく、これがいちばん処理しやすい方法だと思います。

　最初の英文を流れに沿って訳していく場合、いちばん処理がむずかしいのは unless ではじまる節でしょう。unless は if 〜 not ... という意味で、通常は「もし〜でなければ」などと訳されますが、短い文ならともかく、今回のような長い文になると、その訳し方では非常にわかりにくくなります。では、どうすればいいのか。

　たとえば、"You will hurt yourself unless you take care." は「注意しないと怪我するよ」と訳すのがふつうですが、英文の流れどおりに考えれば、「怪我するよ、注意すれば別だけど」のようにも訳せますし、状況によっては「怪我するから注意しなさい」や「怪我しないように注意しなさい」でもいいかもしれません。

この英文では、まず通常のロンドンの人口と人口密度について語ったあとで、「でも、ロンドンと言っても、Greater London を入れれば話は別だよ」と付け加えている感じがしますから、「ロンドンは〜だが、一方、グレーター・ロンドンは〜」という流れに訳すほうが、訳文が読みやすいのはもちろんのこと、むしろ原文の流れを忠実に伝えることにもなります。わたしの訳文は、そんなことを考えて作りました。
　なお、原文には you include the Greater London area とありますが、Greater London は周辺領域だけではなく City of London 全体を表すことばですから、訳文はそれを踏まえたものにしてあります。また、ここに書かれている数値はかなりいいかげんなものですが、おふざけ本なので神経質になる必要はないと考え、そのままにしてあります（本家のダン・ブラウンを訳すときは、ひとつひとつの数値についてかならず確認します）。

　第2文以降では、場所と人物がややくわしく説明され、さらに殺害の状況がビジュアルに描写されています——なんて、くそまじめに書きましたが、なんとばかげた光景でしょうか。タイトルにもある codfish（タラ）がここではじめて登場します。
　このくだらなさをどの程度笑えるかはさておき、訳すという立場で言うと、第1文のようにやたらと長かったり unless の処理がむずかしかったりということはなく、訳出はしやすいはずです。第2段落がやや長いとはいえ、「ナショナル・ギャラリーは〜であり、ジャック・サウナニカクレールは〜だった」というストレートな文なので、特に大きな工夫は要りません。第3段落以降も、「〜は〜だ」や「〜は〜で、〜だった」という直線的な訳文がごく自然に頭に浮かびます。では、このような個所でいちばん気をつけるべきことはなんでしょうか。
　ここでは、第1部【4】（2）にも書いたとおり、**「彼」「彼女」をはじめとする無駄な代名詞を使わないことにまず気をつけてください**。英語は原則としてどんな文にも主語が必要ですが（もちろん、命令文などの例外はあります）、日本語では、いったん主語が決まったら、そのあとは同じ人物の話がつづくかぎり、わざわざ主語を立てないほうがむしろわかりやすいの

です。

　さらに言えば、heやhimをなんでもかんでも「彼」と訳するのはいかにもぎこちない処理です。日本語には「彼」を表すことばとして「そいつ」「その男」「やつ」「野郎」「此奴」「やっこさん」などなど、無数と言ってよいほど多様で豊かな表現があるのですから、その場にふさわしいことばを選べばいい。逆に言うと、いろいろな使い分けができなければ、日本語として読むに堪えない貧弱な文章にしかなりません。

　そもそも主語が必要なのかどうかなどのルールについては、わたしは文法学者ではないので厳密な差異の説明はできませんが、翻訳においての基本的なルールとして、つぎのふたつをあげておきます。このルールはずっと覚えていてください。

> [1]　英語で同一の主語がつづいているときは、日本語では原則として最初に一度主語を立てるだけでよい。
>
> [2]　むやみに「彼」や「彼女」を使わない。

　さて、上記のルールに従って第2段落以降を訳すとしたら、最初の文の主語は、前半がNational Galleryで後半がJacques Sauna-Lurkerです。もちろんここは主語を立てる必要がありますが、つぎの文のheはまたSauna-Lurkerですから、訳文では主語が不要です。

　さらに、第3段落1文目についても、段落は変わったものの、やはり主語はheのままですから、ここも訳文では主語を抜くほうが日本語として自然です。つぎの文はA three-foot-long codfish, 第4段落はThisが主語なので、ここは訳文でもあらためて主語を立てる必要があります（ただし、最後の文では「これは」を抜く手もあります）。わたしの訳文を参照してください。

　第2段落以降で、主語の問題のほかに気をつけるべきことをいくつか並べます。

1行目のThe National Gallery of Londonは、第1段落ではthe National Art Gallery of Fine Paintingsと表記されていました。実は、このあとでLondon Gallery of Fine Paintingsと呼ばれる個所もあり、統一されていません。こういう場合は正式名称をしっかり調べて訳文ではそれなりに統一するのが原則で、ロンドンに実在するのはThe National Galleryですから、わたしの訳文では「ナショナル・ギャラリー」でそろえてあります。ただし、何度も書きますが、おふざけ本ですから、今回はそのあたりにはこだわらなくてかまいません。

　そのつぎの"one of the most beautiful ..."ですが、英語ではこういう言い方を非常によくするものの、いかにも英語が透けて見える翻訳調の表現なので、毎回「最も～であるもののひとつ」と訳すのはどうかと思います。「有数の」「屈指の」「図抜けて」など、意味の近い表現を適宜使い分けていくと、単調さを避けることができます。

　2行目のcuratorの訳は、なかなかむずかしい。辞書を引くといろいろな訳語がありますが、この場にふさわしそうなのは「館長」「学芸員」のどちらかです。curatorというのは、美術館などにどんな作品を置くかを選定したり、それらの作品を管理したりする総責任者なので、かならずしも「館長」ではなく、「主任学芸員」などの訳語がふさわしい場合もあります。『ダ・ヴィンチ・コード』のジャック・ソニエールもcuratorでしたが、全編を通して読んでも、館長なのか主任学芸員なのかを判定できる決定的な根拠がなかったので、重鎮が殺されたという衝撃の大きさを考えて「館長」と訳しました。今回のサウナニカクレールもそれにそろえたわけですが、"curator of ..."のところはちょっと訳出の工夫が必要です。わたしの訳はその一例で、生徒の訳でうまくいったものとしては「～を管理する館長」「～を所蔵する美術館の館長」「館長として～を見守ってきた」などがありました。

　この作品は日本では未訳なので、つづきを読みたい人は原書を入手してください。ペーパーバックで180ページ程度で、1ページあたりの文字数も少ないので、さほど負担にならないはずです。わたしの著書『翻訳百景』でも、この作品のばかばかしい魅力を別の角度から紹介しています。

3 | 登場人物にふさわしい日本語

　ある女子大生が殺害され、保安官事務所の捜査主任ビル・コードが、事件の捜査への協力を呼びかける広告を新聞に掲載してもらうために、新聞社を訪ねる場面です（視点人物はコード）。

　ここからは生徒訳を載せますが、できればそれを見ずに、まず時間をかけて自分の訳文を作ってから、生徒訳と比べながらわたしの訳文と解説を見てください。

Bill Corde got out of the squad car and walked into the advertising office. The girl behind the counter snapped her gum once and hid it somewhere in her mouth. "Hi, gentleman. Help you?"

Corde said, "Last week I called about running an ad as part of an investigation down in New Lebannon."

"Oh, that girl that was killed."

"Did I talk to you?"

"No, that'd be my boss, Juliette Frink. She's left for the day. But I can take the order. How long you want it run?"

"A week, I think."

"What size?"

Corde pointed to one of the samples. "I guess that size."

生徒訳

　ビル・コードはパトカーから降り、広告局へはいっていった。カウンターの向こう側にいた女の子は、ガムをパチンと鳴らして口の中のどこかに隠した。「こんにちは、おじさま。なにかご用ですか？」

　コードは言った。「先週ニューレバノンまで下った捜査の一部として広告を出す件で電話をしたんだが」

「あ、女の子が殺された事件ね」
「電話の相手はきみだったかな？」
「わたしじゃないわ。上司のジュリエット・フリンクよ。電話をうけた日に退職したの。わたしが注文を受けるわ。掲載期間はいかほどをお望み？」
「1週間だと思う」
「大きさは？」
　コードは見本のひとつを指し示した。「この大きさにしよう」

▶ 解説編

> **わたしの訳**
>
> 　ビル・コードは車からおり、広告局へと歩いていった。カウンターの奥にいる若い女が、ガムを舌ではじいて口のなかのどこかへ隠した。「いらっしゃいませ。どういったご用件でしょう」
> 　コードは言った。「ニューレバノンでの捜査の一環として広告を出す件で、先週電話したんだが」
> 「ああ、女の子が殺された事件ですね」
> 「電話を受けたのはきみかな」
> 「いいえ、上司のジュリエット・フリンクです。きょうは1日外出していますから、わたしが承ります。掲載期間はどのくらいになさいますか」
> 「1週間だな」
> 「記事の大きさは？」
> 　コードは見本のひとつを指さした。「これにしよう」

　アメリカのミステリー作家ジェフリー・ディーヴァーの『死の教訓』（講談社文庫、原題 *The Lesson of Her Death*）の一節です。
　やや長いので、全文を4つに分けて、数行ごとに検討しましょう。原文、生徒訳、わたしの訳の順に並べますから、比べてください。

> **(1)**
> Bill Corde got out of the squad car and walked into the advertising office. The girl behind the counter snapped her gum once and hid it somewhere in her mouth. "Hi, gentleman. Help you?"

> **生徒訳**
>
> ビル・コードはパトカーから降り、広告局にはいった。カウンターの向こ

う側にいた女の子は、ガムをパチンと鳴らして口の中のどこかに隠した。
「こんにちは、おじさま。なにかご用ですか？」

> **わたしの訳**
>
> ビル・コードはパトカーからおり、広告局へと歩いていった。カウンターの奥にいる若い女が、ガムを舌ではじいて口のなかのどこかへ隠した。
> 「いらっしゃいませ。どういったご用件でしょう」

▶ 解説

　1文目には大きな問題は見あたりませんが、生徒訳のとおりだと、車からおりてそのまま広告局に歩み入ったかのように読めます。ここが新聞社であることを考えると、広告局はビルの一室である可能性が高いはずですから、わたしの訳では原文から離れない程度に、車をおりてから部屋にはいるまでの時間的経過をやや感じさせるようにしました。もともとの作者の表現が舌足らずだったとも言えますが、ほんの少しその部分を補ってあげるのも訳者の仕事です。

　The girl を「女の子」と訳すのはまちがいではないものの、地の文では砕けすぎですし、girl はもっと広い意味のことばです。「若い女」ぐらいがここでは適当でしょう。

　behind the counter は「向こう側」でもいいですが、「奥」のほうが訳文が引き締まります。同じ意味なら表現は短いほどよい、と第1部【9】（2）にも書きましたね。

　「パチンと」のような擬声語は、使いすぎると訳文が安っぽくなるので、大人向けの文芸翻訳ではできるかぎり使わないように心がけてください。ここは原語が snap ですから、もともと音を強調したかったわけではなく、この動作にふさわしいふつうの日本語を考える必要があります。

　この受付係の口調は、原文ではやや軽い感じがしますが、それにしても生徒訳は全体に品がなさすぎの印象を受けます。少々明るい雰囲気の台詞として訳せばじゅうぶんでしょう。また、**一語一語に対応する訳語を無理**

第2部　文芸翻訳の実践

にひねり出すのではなく、こういう場で日本語ではどんなふうに言うかを考えて訳文を作るようにしてください。

　最後の「何かご用ですか？」では、疑問符が不要です。英語は疑問文の終わりにかならず疑問符をつけるのがルールですが、日本語にそんなルールはなく、たとえば「か」などで終わればほとんどの場合がそれで事足ります。「？」をつけなければ疑問の意味が読みとれない場合（今回の課題では、下から2行目の「大きさは？」が該当します）だけにつけるぐらいの気持ちでいるのがちょうどよいでしょう。

(2)
Corde said, "Last week I called about running an ad as part of an investigation down in New Lebannon."
　"Oh, that girl that was killed."

生徒訳

コードは言った。「先週ニューレバノンまで下った捜査の一部として広告を出す件で電話をしたんだが」
「あ、女の子が殺された事件ね」

わたしの訳

コードは言った。「ニューレバノンでの捜査の一環として広告を出す件で、先週電話したんだが」
「ああ、女の子が殺された事件ですね」

▶ **解説**

　生徒訳の最初の台詞は読点がなくて読みづらいばかりか、このままでは「先週」が「下った」にかかって読めます。また、「下った」はdownに対する訳ですが、いかにもぎこちなく、何が言いたいのかはっきりしません。このdownは、ここからニューレバノンが離れていることを伝えたいだけ

ですから、特に訳出する必要もなく、わたしの訳には入れませんでした。また、「先週」がどこにかかるのかを明確にするために、読点を打って「先週」の位置を変えてあります。

「捜査の一部として」は「捜査の一環として」のほうが日本語として自然なので、わたしはそうしましたが、「事件に関して」ぐらいにしてもいいかもしれません。

受付係の台詞は、やはりもう少していねいにしたほうが自然でしょう。

---

(3)
"Did I talk to you?"
"No, that'd be my boss, Juliette Frink. She's left for the day. But I can take the order. How long you want it run?"

生徒訳

「電話の相手はきみだったかな？」
「わたしじゃないわ。上司のジュリエット・フリンクよ。電話をうけた日に退職したの。わたしが注文を受けるわ。掲載期間はいかほどをお望み？」

わたしの訳

「電話を受けたのはきみかな」
「いいえ、上司のジュリエット・フリンクです。きょうは一日外出していますから、わたしが承ります。掲載期間はどのくらいになさいますか」

▶ **解説**

生徒訳の最初の行「電話の相手はきみだったかな？」は、意味は正しいですが、日本語でこんな言い方をするでしょうか。ふつうは「電話を受けたのはきみだったかな」や、「きみと話したんだったかな」などと言うはずです。

受付係の台詞のふたつ目の文 "She's left for the day." については、生徒

訳は完全な誤訳です。for the day は「きょうのところは」などの意味であり、時制は現在完了ですから、生徒訳のような意味にはなりえません。また、こういう場面で、初対面の相手に「電話をうけた日に退職した」などと唐突に言うのはいかにも変です。違和感を覚えたら考えなおしましょう。

つぎの「わたしが注文を受けるわ」も、日本語のやりとりとしてはやや不自然です。そば屋の出前などではなく、記事掲載の依頼についてのやりとりですから、こういう場面で「注文」ということばはあまり使われないはずです。さらに、前文で「電話をうけた」と書いて、すぐにつづけて「注文を受ける」と書くような漢字表記の不統一も気になります。

また、ここまでぞんざいで幼稚な口のきき方をしていた受付係が、古めかしい女性ことばの代表とされる「〜わ」を急に連発するのも妙に感じられます。つづく「掲載期間はいかほどをお望み？」という台詞も、いったいいつの時代の会話なのか、昭和の松竹映画か何かではないかと思ってしまいます。

(4)
"A week, I think."
 "What size?"
  Corde pointed to one of the samples. "I guess that size."

生徒訳

「1週間だと思う」
「大きさは？」
コードは見本のひとつを指し示した。「この大きさにしよう」

わたしの訳

「1週間だな」
「記事の大きさは？」
コードは見本のひとつを指し示した。「これにしよう」

▶ 解説

　ここも不自然な台詞が目立ちます。自分で掲載期間を決めようという人物が、質問に対して「1週間だと思う」などと答えるでしょうか。英語でこういうときにI thinkを後ろにつけるのはごく自然な言いまわしですが、日本語で「〜と思う」などと言うのは、なんだか無責任な感じさえします。わたしは「1週間だな」にしましたが、少し迷っている感じを出したいなら「1週間かな」ぐらいでもいいでしょう。

　つぎの「大きさは？」は、このままでもそう問題はありませんが、厳密に言えば、何の大きさかを明示して言うほうがふつうです。英語では、受付係はすぐ前に "How long you want it run?" と言っていて、it は明らかに記事を指しているので、そのあとで "What size?" と言うだけで記事のことだとわかりますが、日本語はそのような流れになっていないので、ちょっとことばが足りない感じがします。

　最後は、「この大きさにしよう」で原文どおりですが、日本語では「大きさ」がふたつ並ぶくどさがやや感じられるので、わたしは「これにしよう」だけにしました。実際に見本を指さして口にすることばとしては、そのほうが自然だからです。英語では "What size?" と訊かれて "I guess that size." と答えるやりとりはごくあたりまえの流れですが、そのまま機械的に置き換えても切れのよい日本語にはなりません。やはり適宜調整する必要があります。

▶ まとめ

　翻訳とは、原則として「原著者が仮に日本語を知っていたらそう書くにちがいないような日本語にすること」です。そのなかでも**特に「日本語らしさ」が重要になるのは台詞の部分**で、そこが不自然に感じられると、読者はげんなりして、先を読む気がなくなります。

　台詞の翻訳にあたっては、それぞれの人物の属性を考えて、隅々までしっかり作りこんでください。たとえば電車やレストランのなかなどでも、テレビや映画を観ながらでも、日本人がふだんどんなやりとりをするかに注意を向けているといいでしょう。

4 | 深く読みこんで、必要なだけ嚙み砕く

📝 主人公ビル・コードと妻ダイアンが、事故で重体に陥った息子ジェイミー（15歳）の手術の経過に気を揉んでいるところです（視点人物はコード）。

"I did this one bad, didn't I?" Corde said.
　They sat in the intensive care unit of Community Hospital in a small waiting room separated from their son by a thick blond wood door. The doctors were in with him now. Occasionally the large silver handle of a doorknob would flick and a nurse or doctor would exit silently. This was the purest of punishments.
　They held hands but there was minimal returning pressure from Diane's. Corde figured he wasn't entitled to expect otherwise. Other than to tell him that Jamie was in critical condition and still unconscious, Diane hadn't said more than five words tonight. This was her worst anger, a peaceful-eyed, camouflaged fury that seemed almost curiosity.

生徒訳

「ぼくがこれを悪くしたんだろう？」
　二人はコミュニティ・ホスピタルの集中治療室の小さな待合室に、分厚い木のドアで息子と分けられて座っていた。医師たちはジェイミーに連れ添っていた。銀の大きなドアノブのハンドルがときどき光り、看護婦か医師が静かに出てきた。これは純然たる罰だった。
　お互いの手を握っていたが、ダイアンの手から力は伝わってこなかった。そのほかを期待する権利がないと、コードはわかっていた。ジェイ

ミーが重体でまだ意識不明だと言った以外に、ダイアンが今夜発したことばは5つ以下のことばだった。最大級の怒りだ。好奇心のように見える、怒りを擬装した穏やかな瞳。

▶ 解説編

> **わたしの訳**
>
> 「おれのせいだな」
> 　ふたりは郡立病院の集中治療室に付属する小さな待合室で、息子とは分厚い薄茶色の木のドアで隔てられてすわっていた。ジェイミーは医師たちとともに中にいる。ときおり大きな銀色のドアノブが動き、看護婦や医師が無言で出てくる。何よりもむごい瞬間だった。
> 　手を握り合ってはいたが、ダイアンからは力がほとんど伝わってこなかった。それ以上を期待する資格がないとコードにはわかっていた。ダイアンが今夜口にしたのは、ジェイミーが重体でまだ意識がもどらないと告げたほかには、せいぜい5, 6の単語だった。怒りが頂点に達したときのダイアンだ。目はむしろ穏やかで、秘められた怒りのかわりに好奇の光が宿ってさえ見える。

前問につづいて、『死の教訓』の一節です。これも4つに分けて検討します。

> **(1)**
> "I did this one bad, didn't I?" Corde said.
> 　They sat in the intensive care unit of Community Hospital in a small waiting room separated from their son by a thick blond wood door. The doctors were in with him now.

> **生徒訳**
>
> 「ぼくがこれを悪くしたんだろう?」
> 　二人はコミュニティ・ホスピタルの集中治療室の小さな待合室に、分厚い木のドアで息子と分けられて座っていた。医師たちはジェイミーに連れ添っていた。

> **わたしの訳**
>
> 「おれのせいだな」
> 　ふたりは郡立病院の集中治療室に付属する小さな待合室で、息子とは分厚い薄茶色の木のドアで隔てられてすわっていた。ジェイミーは医師たちとともに中にいる。

▶ **解説**

　コードが「ぼく」「おれ」のどちらを使うかは、今回の情報だけではなんとも言えないので、どちらでもいいです。ただ、「これを悪くした」ではなんの話かわからず、とうてい台詞とは呼べません。背景の説明をはじめると長くなるので省略しますが、ここはジェイミーが重体に陥った原因の一部がコードにもあるということなので、そういう場面でふつうどう言うかを考えましょう。ひとつひとつの単語にこだわりすぎては、とりわけ台詞の翻訳はできません。

　「コミュニティ・ホスピタル」と「郡立病院」はどちらでも可。

　「集中治療室」の前後に「の」がつづくと単調なので、わたしの訳ではちょっと変化をつけて「〜に付属する」としました。

　生徒訳が「待合室で」ではなく「待合室に」となっているのは、すぐあとに「ドアで」があって、「で」がつづくのをきらったからでしょうが、やはり少々ぎこちない。わたしの訳では、「息子とは」を前に出し、抜けている blond の訳を追加することによって、ふたつの「で」を離して違和感を薄めています。

　最終文では、医師たちは治療しているのですから、「連れ添っていた」は変。また、ここは夫婦の関心の対象はジェイミーにあるので、思いきってジェイミーを主語にして訳すほうが流れとして自然です。

> **(2)**
> Occasionally the large silver handle of a doorknob would flick and a nurse or doctor would exit silently. This was the purest of punishments.

第 2 部　文芸翻訳の実践

> **生徒訳**
>
> 銀の大きなドアノブのハンドルがときどき光り、看護師か医師が静かに出てきた。これは純然たる罰だった。

> **わたしの訳**
>
> ときおり大きな銀色のドアノブが動き、看護師や医師が無言で出てくる。何よりもむごい瞬間だった。

▶ **解説**

　原文で handle と doorknob の両方が使われているとはいえ、「ドアノブのハンドル」というのはいかにもくどい言い方です。実際の形状にもよりますが、ここでは「ドアノブ」だけ、あるいは「ドアハンドル」「ドアの取っ手」などでじゅうぶんでしょう。また、細かいことですが、これが本物の銀であるはずはないので、「銀色」のほうが無難です。さらに、flick を「光る」と訳すのはちょっと大げさです（flicker と勘ちがいしたのかもしれません）。

　2文目が非常にむずかしく、処理に困るところです。とはいえ、「これは純然たる罰だった」では何が言いたいのかさっぱりわかりません。いくら原文がむずかしくても、これでは読者がかわいそうです。

　翻訳とは、原文を訳者が深く読みこんで、自分の解釈した内容を原文と同程度の（と訳者が判断する）レベルで再構成して提示する作業です。個々の単語の表面的な意味だけを追っていてもどうにもならない場合も少なくありません。

　こういうときはいったん立ち止まり、this が何を指しているのかを自分なりに明確にする（「看護師や医師がドアをあけて無言で出てくること」でしょう）とともに、なぜ purest が最上級なのか、punishments が複数形なのかをじっくり考える必要があります。いろいろある罰のうち、最も純粋なものは看護師や医師が出てくることだと原文は言っているわけで、こ

れはつまり、今夜は息子のジェイミーが生命の危機に瀕していて、ふたりは拷問を受けたような思いでずっと過ごしているが、中でもいちばんきびしいのは、看護師や医師がドアをあけて現れる瞬間（つまり息子の死を告げるかもしれない瞬間）だということではないでしょうか。あとは、その解釈がしっかり伝わるような、それでいて説明的になりすぎないような訳文を作ってください。少なくとも、purest という最上級の意味合いが反映されたものでないと意味不明になってしまいます。

(3)
They held hands but there was minimal returning pressure from Diane's. Corde figured he wasn't entitled to expect otherwise. Other than to tell him that Jamie was in critical condition and still unconscious, Diane hadn't said more than five words tonight.

生徒訳

お互いの手を握っていたが、ダイアンの手から力は伝わってこなかった。そのほかを期待する権利がないと、コードはわかっていた。ジェイミーが重体でまだ意識不明だと言った以外に、ダイアンが今夜発したことばは5つ以下のことばだった。

わたしの訳

手を握り合ってはいたが、ダイアンからは力がほとんど伝わってこなかった。それ以上を期待する資格がないとコードにはわかっていた。ダイアンが今夜口にしたのは、ジェイミーが重体でまだ意識がもどらないと告げたほかには、せいぜい 5, 6 の単語だった。

▶ **解説**

 1文目については、生徒訳に「手」が2回出てきますが、わたしの訳で

は少し調整して1回だけにしています。また、ちょっとだけですが、わたしの訳のほうが、視点人物がコードであることが明確に打ち出されていると思います。

第2文は「そのほか」より「それ以上」のほうがわかりやすいでしょう。

第3文では、生徒訳で「ことば」が2回使われているのがいただけませんが、「ことば」についてはほかにも注意すべき問題があります。それは、英語の language も phrase も word も（さらにそれらの複数形も）、不注意に訳せばすべて「ことば」になってしまって、どの意味だかわからなくなる可能性があることです。訳文を読んで、そのどれととられてもかまわないなら別ですが、通常は「言語」「節」「単語」などと訳し分けないと誤解を招きかねません。

この第3文でも、生徒訳では「ことば」の意味がどれなのかはっきりしませんが、一方で「5つ以下」という具体的な（数学的な、と言ってもよい）表現を使っているのもアンバランスな感じがします。ここでは、Yes や Oh などを含めて英単語5語ぐらいしか口にしなかったということでしょうから、「単語」という訳語を選ぶべきですが、日本語の訳文のなかに英単語の話が出てくる唐突さ・不自然さを緩和する意図で、わたしはややぼかして「せいぜい5, 6の単語」としました。ただし、そのまま「せいぜい5つの単語」にしても大きな問題はないと思っています。

> **(4)**
> This was her worst anger, a peaceful-eyed, camouflaged fury that seemed almost curiosity.

> **生徒訳**
> 最大級の怒りだ。好奇心のように見える、怒りを擬装した穏やかな瞳。

> **わたしの訳**
>
> 怒りが頂点に達したときのダイアンだ。目はむしろ穏やかで、秘められた怒りのかわりに好奇の光が宿ってさえ見える。

▶ **解説**

　生徒訳は、ここについては誤訳と言うより翻訳放棄ですね。おそらく、原文が何を言っているか、自分でもわかっていないのでしょう。こういうときこそ、英文法の基本に立ち返り、ゆっくり時間をかけて読み解いていく必要があります。そして、**じゅうぶん納得できるまで考え抜いてから訳出にとりかかる**のが賢明です。

　最初の This は、要約すれば「ダイアンがほとんど何も語らないこと」でしょう。それが her worst anger だと書いてあるのですから、彼女にとって最も怒った状態は沈黙である、つまり、ほんとうに怒っているときは叫んだり泣いたりしないで口数が極端に減るということです。その内容をなるべく簡潔に言い表したらどうなるかを考えてください。わたしの訳文はあくまで一例です。

　そして、そこさえしっかり読みとれれば、あとの部分はさほど難解ではないはずです。camouflage の意味は「擬装（偽装）」にちがいありませんが、そのままだとむしろ「怒っているように見せかける」と読まれてしまう危険が大きそうです。ここは言うまでもなく「怒っていることを隠す」「怒っていないように見せかける」という意味ですから、それがわかるような訳語選びが不可欠です。「怒りを隠した穏やかな目に、好奇心に近いものがある」という内容が伝わればどんな訳文でもいいのですが、なるべく英語の順序どおりに訳したほうが趣旨が伝わりやすいと思います。

▶ **まとめ**

　翻訳とは、原文の表面的な意味だけでなく、読者に及ぼすさまざまな効果を可能なかぎり汲みとって、別言語で過不足なく表現することです（少なくとも、それが目標です）。しかしこの問題は原文自体にかなりの歯応え

がある個所があり、読みとりの段階でつまずいた人もずいぶんいるでしょう。そうは言っても、人間が人間に向けて書いた文章ですから（しかもエンタテインメントのジャンルに属するものですから）、作者はことさらにむずかしくしようとはしていないはずです。

　難解な個所を読み解く手がかりになるのは、結局のところ、**正確な文法知識と豊富な読書体験**のふたつです。特に読書体験については、原書、翻訳書、日本人作家の作品の３つのどれが欠けていてもまともな翻訳はできません。継続的な読書こそが、翻訳技術を向上させていくうえで、遠まわりのように思えて実はいちばんの近道です。この生徒は明らかに読書量不足でした。

5 ｜ センテンスの切れ目を大切に

　　脱獄囚のオーディが、協力を得るために姉バーナデットの住む建物の前へ行き、いつ捕まるかと不安を覚えながら待っているところです。この作品は現在形が基調となって書かれています（視点人物はオーディ）。

Audie has spent two hours waiting outside Bernadette's apartment, watching the street and studying the darkened windows, half expecting to see SWAT teams crouching in stairwells and the silhouettes of sharpshooters on the rooftops. Dusk is gathering and the neighbourhood is marbled with shadows as rainclouds move sporadically across the sun.

　Residents have come and gone. A woman passes him now, walking a reluctant dog that is too lazy to sniff a hydrant or too fat to cock a leg. A tall thin man in a black suit is smoking on a stoop and staring at the ground between his shoes as though reading a chalk message scrawled on the concrete.

生徒訳

　オーディはバーナデットのアパートの外で、通りや明かりの灯っていない窓を見張りながら、２時間過ごした。非常階段でうずくまるＳＷＡＴチームや、屋根の上の射撃者の影をなかば予期する。夕闇がつのり、あたり一帯が黒い濃淡に染まる。雨雲が散発的に太陽をかすめていく。

　住人たちが行ったり来たりしている。ひとりの女がやる気のない犬を連れて通りかかる。犬はのろのろ歩き、消火栓を嗅ごうともしない。もしくは、太りすぎで足を曲げられないのかもしれない。黒いスーツを着た、痩

せて背の高い男が、一軒の家の玄関先の階段にすわって煙草を吸い、両足のあいだの地面をじっと見つめている。コンクリートにチョークで書かれているメッセージを読み解こうとでもするかのように。

▶ 解説編

> **わたしの訳**
>
> 　オーディはバーナデットのアパートメントがある建物の外で、通りや暗い窓にじっと目を向け、非常階段にひそむＳＷＡＴチームや、屋根の上の狙撃手の影を半ば意識しながら、２時間を過ごす。夕闇が迫り、雨雲がときおり太陽をかすめて、一帯が黒の濃淡に染まっていく。
> 　住人たちがつぎつぎと行き来する。女がひとり、犬を連れて通りかかるが、犬は気分が乗らずに怠けているのか、太りすぎて肢を曲げられないのか、消火栓のにおいを嗅ごうともしない。近くの家の玄関先のステップでは、黒いスーツ姿の痩せた長身の男が腰かけて煙草を吸いながら、コンクリートにチョークで書かれたメッセージを読み解くかのように、ふたつの靴のあいだの地面を見つめている。

　オーストラリア人作家マイケル・ロボサムの『生か、死か』(ハヤカワ・ポケット・ミステリ、原題 *Life or Death*) の一節です。この問題では特に、原文のセンテンスの切れ目を無視すると何がまずいのかに着目してください。これも全文を４つに分けて数行ごとに検討します。

> **(1)**
> Audie has spent two hours waiting outside Bernadette's apartment, watching the street and studying the darkened windows, half expecting to see SWAT teams crouching in stairwells and the silhouettes of sharpshooters on the rooftops.

> **生徒訳**
>
> オーディはバーナデットのアパートの外で、通りや明かりの灯っていない窓を見張りながら、２時間過ごした。非常階段でうずくまるＳＷＡＴチー

> ムや、屋根の上の射撃者の影をなかば予期する。

> **わたしの訳**
> オーディはバーナデットのアパートメントがある建物の外で、通りや暗い窓にじっと目を向け、非常階段にひそむＳＷＡＴチームや、屋根の上の狙撃手の影を半ば意識しながら、２時間を過ごす。

▶ **解説**

　まずは細かい点をいくつか。

　apartmentというのは厄介なことばで、日本語で「アパート」と言えば建物を指すのに対し、英語のapartmentは通常はひと部屋、またはひとつの居住区画だけを指します。ただし、建物全体を指す場合もあり、これはapartment houseなどの省略形でしょう。どちらの意味なのかは文脈から判断するしかなく、この英文では、後述の内容から考えて建物のほうです。生徒訳は建物の意味で「アパート」と訳していて、それ自体は問題ありませんが、仮にほかの個所で部屋を表すapartmentが出てきた場合、それを「アパート」と訳すのはまずい。そういった混乱を避けるために、わたしはふだんからapartmentを「アパートメント」と訳し、apartment houseにあたるものは、少々くどいのですが「アパートメントのある建物」などとするか、省略可能の場合は単に「建物」などと訳すことにしています。

　生徒訳の「通りや明かりの灯っていない窓」は、並列されるもののバランスが悪く、一瞬「通り」と「明かり」が対になって見えるのがあまり好ましくありません。darkenedなので「明かりの灯っていない」にしたのでしょうが、「暗い」でも前後関係から人間が消したのは明らかなので、わたしは「暗い」にしてバランスのよさを優先しました。

　ＳＷＡＴチームが「うずくまる」のも、「射撃者」がいるのも、まちがいではありませんが、オーディの恐怖感をしっかり伝えるために、わたしの訳では「ひそむ」「狙撃手」にしてあります。

　しかし、いちばん大きな問題は、この問題のテーマである「センテンス

の切れ目」です。生徒訳は長い英文をふたつに切って訳していますが、この訳文だと、2時間を過ごしたあとでSWATチームや狙撃手が来るのを予期したと読まれる危険が非常に大きいです。2文にすることで読みやすくリズムがよくなるかもしれませんが、緊張しながら2時間を過ごしたという何より大事な情報が伝わらなくなってしまうのです。

(2)
Dusk is gathering and the neighbourhood is marbled with shadows as rainclouds move sporadically across the sun.

生徒訳

夕闇がつのり、あたり一帯が黒い濃淡に染まる。雨雲が散発的に太陽をかすめていく。

わたしの訳

夕闇が迫り、雨雲がときおり太陽をかすめて、一帯が黒の濃淡に染まっていく。

▶ **解説**

「つのり」よりも「迫り」のほうが自然な表現であるとか、「散発的」のような「〜的」という言い方はいかにも翻訳調で、小説の翻訳ではなるべく使いたくない、という細かな改善点がありますが、ここもいちばん大きな問題はセンテンスの切れ目を守らずにふたつに割っていることです。as は同時性を表すことも理由を表すこともある接続詞ですが、ここでは、「一帯が黒い濃淡に染ま」るのは「雨雲が散発的に太陽をかすめていく」ことが原因である（sporadically だからこそ marble になる）はずです。2文に分けてしまうとその因果関係が見えない、というより、へたをすると逆転して読めてしまいますから、これは誤訳同然の大きなミスです。

(3)
Residents have come and gone. A woman passes him now, walking a reluctant dog that is too lazy to sniff a hydrant or too fat to cock a leg.

生徒訳

住人たちが行ったり来たりしている。ひとりの女がやる気のない犬を連れて通りかかる。犬はのろのろ歩き、消火栓を嗅ごうともしない。もしくは、太りすぎで足を曲げられないのかもしれない。

わたしの訳

住人たちがつぎつぎと行き来する。女がひとり、犬を連れて通りかかるが、犬は気分が乗らずに怠けているのか、太りすぎて肢を曲げられないのか、消火栓のにおいを嗅ごうともしない。

▶ **解説**

　1文目の「住人たちが行ったり来たりする」は誤解を招きかねない言い方で、これでは同じ住人数人が何度も往復したと読まれてしまいそうです。ここでは、オーディが2時間見守っていたあいだの出来事ですから、おそらく何人も、あるいは何十人もの住人がつぎつぎ現れては消えていった、と言いたいはずで、それに合った表現を選ぶ必要があります。

　2文目について、生徒訳は3つに割って訳していますが、これはどうでしょうか。たしかに、(1) や (2) で指摘したような、大きく意味が変わるという問題はないと思います。ただ、ここは犬の話はさほど重要ではなく、単なる通りすがりなのですが、わざわざ3つに分けると、あたかも犬の存在が重要であるような、この場の主役が犬であるかのような錯覚を読者に与えます。ここもやはり、**必要以上にセンテンスを分離することによって、作者の意図とはかなり異なる方向へ読者を導いてしまうのです。**

そのほか、「やる気のない犬」がいきなり出てくるのがいかにも唐突ですね。犬と精神的な距離の近い飼い主がそういうことばで評するなら、不自然ではありませんが、無関係なオーディの視点で、しかも逃走中の緊張した場面ですから、これはなんだか滑稽な印象を受けます。

「足」と「脚」の使い分けはぜったいに必要とまでは言いませんが、大人向けの文章の場合は、たいがい foot が「足」、leg が「脚」に対応するので、なるべく区別して訳すことをお勧めします。ただ、4本足の動物の場合、手と足（脚）に分けるのも変なので、4本とも「肢」という漢字をあてることがあり、わたしもよくその漢字を使います。

ところで、犬が消火栓のにおいを嗅ぐ場面は、アメリカの小説にはよく出てきますね。日本では、犬は片脚をあげて電柱におしっこをかけるものと決まっていますが、アメリカの街には電柱がほとんどなく、逆に消火栓がたくさんあるので、そちらが定番となっているわけです。

(4)
A tall thin man in a black suit is smoking on a stoop and staring at the ground between his shoes as though reading a chalk message scrawled on the concrete.

生徒訳

黒いスーツを着た、痩せて背の高い男が、一軒の家の玄関先の階段にすわって煙草を吸い、両足のあいだの地面をじっと見つめている。コンクリートにチョークで書かれているメッセージを読み解こうとでもするかのように。

わたしの訳

近くの家の玄関先のステップでは、黒いスーツ姿の痩せた長身の男が腰かけて煙草を吸いながら、コンクリートにチョークで書かれたメッセージを読み解くかのように、ふたつの靴のあいだの地面を見つめている。

▶ **解説**

　stoop は公道から家の入口までの途中にある階段で、この英文では、アパートの建物の前にあるわけではないため、生徒訳もわたしの訳も、誤解を避けるためにややことばを補っています。ただ、この種のものはふつうは数段しかありませんが、「階段」と訳すとずいぶん長いものがイメージされがちなので、わたしは「ステップ」と訳すことが多いです。

　the ground between his shoes が、生徒訳では「両足のあいだの地面」になっていますが、「靴のあいだ」とはやや印象がちがいます。わざわざ「両足」に変える理由もないでしょう。

　最後に、ここも生徒訳はひとつのセンテンスをふたつに切っています。1文にまとめた場合と大きな意味のちがいはありませんが、2文目が中途半端でかっちり言いきっていない印象になるのはたしかです。わざわざ2文に分けて訳すだけの強い必要は見いだせないし、1文にまとめてさほど読みづらいわけでもないので、やはりここもよい処理とは言えません。

▶ **まとめ**

　原文のセンテンスが長いとき、ふたつや3つに切って訳すことは、もちろん何がなんでも禁止というわけではありません。ただ、分けることでいろいろなものが犠牲になり、ときには自分でも気づかないうちに誤訳の領域にまではいってしまうこともあるので、じゅうぶん注意する必要があります。そのようなことに意識を向けてもらうための材料として、あえてこういう英文を選びました。

　すでに何度か書いたように、文芸翻訳の原則として

> [1]　なるべく原文の流れどおりに訳す。
> [2]　なるべく時間の流れどおりに訳す。
> [3]　なるべく原文の伝えたいことの優先順位を変えない（焦点がずれないようにする）。

というものがあるはずです。長いセンテンスを切り分けて訳したいときに

は、それらの原則に従っているかどうかをよく考えるべきです。

　翻訳をある程度勉強した中級ぐらいの学習者には、体言止めや倒置などを多用して、小刻みにリズムのよい訳文を積み重ねるのが高度な技巧だと思っているらしい人が散見されます。もちろん、原文がそういうタイプのものなら、それもいいでしょうが、長さにこそ個性のある原文に対してまでそのように処理したら、それは**原著者に対してきわめて失礼な、ただのひとりよがり**でしかありません。一定以上のわかりやすさを保ちつつ、原文のしつこさや粘っこさやを生かす訳文を作るほうがはるかにむずかしい技巧です。

　長い英文を長いまま訳すためには、接続詞や接続助詞の選択、連用形で止めるか「て」をつけるか、読点を打つべきか、態を変えるべきか、修飾語の位置を入れ替えるべきか、新たに主語を立てるべきか、などなど、いくつもの要素について考える必要があります。それらとしっかり向き合い、原文とさほどニュアンスが変わらないと判断したうえで、やむなく２文に分けるという選択はもちろんあってもかまいませんが、あくまでそれは最後の手段であるべきです。

6 | おもしろさや味わいを伝えるために

📝 近未来の話です。出典はヴラドリン・E・バフノフの短編 "Twelve Holidays" の英訳です。

One day the World Science Council sent me on a mission on Time Machine MV 20-64 into the past of a certain small country. I have no right to tell you its name or location. We shall therefore call it Yonia. I was sent there at the request of the Prime Minister of Yonia, who desperately needed help.

However, as soon as I arrived, I realized that no one could help Yonia because it was ruled by a king, whose name must also remain secret. Let us call him Alfonse.

And to give a true idea of what Alfonse was like, I can say that if he had been at the head of the wealthiest nation he would have turned it into one of the poorest countries in the world.

Yonia's worst problem was not that the king spent more money than he had, nor was it that he permitted himself things that should never be permitted to anyone, or forbade others things that should never be forbidden. No, the most dangerous thing for the country was the king's ideas on how to raise his kingdom to everlasting greatness. Alfonse carried a big stick without sparing himself, not to speak of his subjects, for the good of Yonia.

If the young king had an idea on Monday, the idea was law on Tuesday. On Wednesday, the law was enforced, and on Thursday, the heads of lawbreakers were flying right and left.

After a month or two, the new law would somehow fade away, but by then a still newer law would have been proclaimed. As they said in Yonia, "All you need is a law, and there will never be a lack of lawbreakers."

Of course, the king never consulted anyone when he made his plans. True, he was surrounded by counsellors and sages. But in Yonia counsellors earned their title only by listening to the king's counsel, and sages, by nodding sagely every time the king spoke.

生徒訳

　かつて、ワールドサイエンスカウンシルによって任務を与えられたわたしは、タイムマシン MV20-64 に乗って過去へ移動し、ある小国へと派遣されるようになった。国の名称や位置を言うことはできない。そのためこの国をヨニアと呼ぶことにしよう。わたしは必死に助けを求めているヨニアの首相からの要請に応じて派遣されたのだった。

　けれども、到着してすぐに、王によって統治されているが故に誰もヨニアを救うことができないのだと悟った。この王の名もまた秘密にしておかなければならない。彼のことはアルフォンセと呼ぼう。

　アルフォンセが実際どういう人物かと言うと、仮に彼が最も豊かな国のリーダーだったとしたらその国を世界で最も貧しい国のひとつに変えてしまうのが彼だといえるだろう。

　ヨニアにとって最も深刻な問題は、王が手持ちの金以上に浪費することではなく、万人に禁じられていることを王だけに許可していることでもなく、禁止すべきでないことまで禁じているということでもない。そうではなく、この国にとって最も危険なのは王国を永久に偉大な国にするための王の様々な思いつきだった。アルフォンセは臣下のことはさしおいて、国益のためとして、骨身を惜しまず強権を振るった。

　若い王が月曜日にあることを思いつくと、火曜日にはそれが法となっ

第2部 文芸翻訳の実践

た。水曜日には法が施行され、さらに木曜日になると多数の犯罪者があちこちで逃げ出すことになった。

　1, 2ヶ月たつとどういうわけかその新しい法律は徐々に忘れ去られていくのだが、その頃にはさらなる新しい法が公布されていた。「必要なのは法だけ、犯罪者がいなくなることは決してない」とは、ヨニアではよく言われることだった。

　もちろん、計画をたてるときに王が誰かの助言に耳を傾けることは一切なかった。確かに、王の御付には複数の相談役と哲人がいた。けれどもヨニアでは、王の考えをただ聞くだけで相談役の称号が、王が話すたびに思慮深くうなずくだけで哲人の称号が、それぞれ与えられていたのだ。

▶ 解説編

わたしの訳

　ある日、世界科学会議が、わたしにある使命を果たさせるために、タイムマシンＭＶ 20-64 によって某小国の過去へ派遣した。わたしには、その国の名前も場所も明かす権利がない。だから、仮にヨーニア国と呼ぶことにする。ヨーニア国の首相が救済を熱望したため、要請に応じてわたしが送りこまれた。

　しかし、到着するとすぐ、ヨーニアを助けることなどだれにもできないとわかった。原因はそこを統治する国王にあったのだが、その名を明かすことも禁じられている。仮に、アルフォンスと呼ぶことにしよう。

　そして、アルフォンスの実像について説明を求められるなら、世界一富める国をも世界一貧しい国に変えてしまう男だという答え方ができる。

　ヨーニアの最悪の問題は、国王の金づかいが荒すぎて負債が生まれるといったことではないし、国王がだれにも許すまじきことを自分に許したり、だれにも禁じるべきではないことを人に対して禁じたりといったことでもなかった。何より危険なのは、この国を永遠の強国にのしあげるための方法についての、国王の考え方であった。アルフォンスは、ヨーニアの利益のために、臣民の労はもちろん、自分の労もいとわず、強権を発動した。

　この若い国王が月曜に何かを思いつくと、火曜にはそれが法律になった。水曜にはその法律が施行され、木曜には違反者たちの首が左右に飛んだ。

　1, 2 か月経つと、その新しい法律はいつの間にか消滅したが、そのころには別の新しい法律が公布されていた。ヨーニアでは、「必要なのは法律だけで、違反者には事欠かない」とよく言われた。

　もちろん、国王は立案に際して、だれにも相談しなかった。たしかに、国王のまわりには、指南役や賢人がおおぜいいた。だがヨーニアでは、指南役とは、国王の指南を受ける人々のことであり、賢人とは、国王が話すたびに賢そうにうなずく人々のことだった。

第 2 部　文芸翻訳の実践

ＳＦっぽい書き出しの文章ですが、科学に関する特殊な知識などはまったく必要ありません。そういうことよりもむしろ、後半のいささか意地の悪い、クールでユーモラスな書きっぷりをしっかり読みとって、その味わいをなるべくそのまま日本語で伝えることが必要になります。けれども、意外にそれがむずかしい。

　長めの文章なので、7つに分けて説明します。

(1)
One day the World Science Council sent me on a mission on Time Machine MV 20-64 into the past of a certain small country. I have no right to tell you its name or location. We shall therefore call it Yonia. I was sent there at the request of the Prime Minister of Yonia, who desperately needed help.

生徒訳

かつて、ワールドサイエンスカウンシルによって任務を与えられたわたしは、タイムマシンMV20-64に乗って過去へ移動し、ある小国へと派遣されるようになった。国の名称や位置を言うことはできない。そのためこの国をヨニアと呼ぶことにしよう。わたしは必死に助けを求めているヨニアの首相からの要請に応じて派遣されたのだった。

わたしの訳

ある日、世界科学会議が、わたしにある使命を果たさせるために、タイムマシンMV20-64によって某小国の過去へ派遣した。わたしには、その国の名前も場所も明かす権利がない。だから、仮にヨーニア国と呼ぶことにする。ヨーニア国の首相が救済を熱望したため、要請に応じてわたしが送りこまれた。

▶ 解説

　第1文は、World Science Council を主語にしたままで処理しても、生徒訳のように「わたし」を主語にして書き換えても、どちらでもいいでしょう。ただ、「ワールドサイエンスカウンシル」ではいかにも読みにくく、「ワールド・サイエンス・カウンシル」と切れ目を入れるか、「世界科学協議会」などと日本語にするか、どちらかにすべきです。また、文末の「ようになった」の意味があいまいな感じがするので、「ある小国へと派遣された」でじゅうぶんです。

　第2文では "have no right to ～" が「言うことはできない」と訳されていますが、これでは許されていないのか、覚えていないのか、どちらの意味にもとれるので、単に「資格がない」とするほうが意味がはっきりします。

　第3文は問題なし。「ヨニア」でも「ヨーニア」でもいいでしょう。

　第4文は関係詞 who の前にカンマがあって、Prime Minister についての説明があとにつづいていますが、この長さなら、英文の順序どおりに訳さずにひっくり返しても不都合はありません。

---

(2)
However, as soon as I arrived, I realized that no one could help Yonia because it was ruled by a king, whose name must also remain secret. Let us call him Alfonse.

生徒訳

けれども、到着してすぐに、王によって統治されているが故に誰もヨニアを救うことができないのだと悟った。この王の名もまた秘密にしておかなければならない。彼のことはアルフォンセと呼ぼう。

> **わたしの訳**
>
> しかし、到着するとすぐ、ヨーニアを助けることなどだれにもできないとわかった。原因はそこを統治する国王にあったのだが、その名を明かすことも禁じられている。仮に、アルフォンスと呼ぶことにしよう。

▶ **解説**

　第1文の処理がかなりむずかしい。ここはひとつの訳文で処理することがほぼ不可能で、生徒訳がこれをふたつに分けていることには問題がありませんが、この訳を見ると、国王が統治していること、つまり王制であること自体が原因だと読みとれてしまいます。ふたつに切るのなら、やはりbecauseの前が切れ目でしょうね。この国をだれも救えないと悟った、といったん言いきったあと、その理由を述べればいい。その際、王制であることではなく、国王そのものに原因があると読者に伝えることがいちばん大事で、そのために少々語順を変えたりことばを補ったりのはやむをえません。わたしは「原因はそこを統治する国王にあったのだが、その名を明かすことも禁じられている」としました。

　第2文は「彼のことはアルフォンセと呼ぼう」になっていますが、この手の「彼」は翻訳ではほとんど省略すべきです。この場合は、「彼のこと」を削って、たとえば「仮に」などと冒頭につければじゅうぶんでしょう。また、人名なので断言はできませんが、Alfonseはふつうに英語読みすれば「アルフォンス」です。

> **(3)**
> And to give a true idea of what Alfonse was like, I can say that if he had been at the head of the wealthiest nation he would have turned it into one of the poorest countries in the world.

> **生徒訳**
>
> アルフォンセが実際どういう人物かと言うと、仮に彼が最も豊かな国のリーダーだったとしたらその国を世界で最も貧しい国のひとつに変えてしまうのが彼だといえるだろう。

> **わたしの訳**
>
> そして、アルフォンスの実像について説明を求められるなら、世界一富める国をも世界一貧しい国に変えてしまう男だという答え方ができる。

▶ 解説

　生徒訳は、読みとれていないわけではないでしょうが、なんだかくどいですね。「実際どういう人物かと言うと」は「実像」などとまとめられますし、「彼」が使われている２か所も簡潔に表現できます。

　また、この if は「〜としたら」ではなく、むしろ even if の意味、つまり「〜としても」ととるほうが明確になります。これは最上級の表現とセットになってよく見られる用法です。

　さらに言えば、１行目で「言うと」と書いて、２行目の末尾で「いえるだろう」と結ぶのは無駄な言いまわしですし、漢字で書くのかひらがなで書くのか、表記が統一されていないのもいただけません。

> **(4)**
>
> Yonia's worst problem was not that the king spent more money than he had, nor was it that he permitted himself things that should never be permitted to anyone, or forbade others things that should never be forbidden. No, the most dangerous thing for the country was the king's ideas on how to raise his kingdom to everlasting greatness. Alfonse carried a big stick without sparing

himself, not to speak of his subjects, for the good of Yonia.

生徒訳

ヨニアにとって最も深刻な問題は、王が手持ちの金以上に浪費することではなく、万人に禁じられていることを王だけに許可していることでもなく、禁止すべきでないことまで禁じているということでもない。そうではなく、この国にとって最も危険なのは王国を永久に偉大な国にするための王の様々な思いつきだった。アルフォンセは臣下のことはさしおいて、国益のためとして、骨身を惜しまず強権を振るった。

わたしの訳

ヨーニアの最悪の問題は、国王の金づかいが荒すぎて負債が生まれるといったことではないし、国王がだれにも許すまじきことを自分に許したり、だれにも禁じるべきではないことを人に対して禁じたりといったことでもなかった。何より危険なのは、この国を永遠の強国にのしあげるための方法についての、国王の考え方であった。アルフォンスは、ヨーニアの利益のために、臣民の労はもちろん、自分の労もいとわず、強権を発動した。

▶ **解説**

　第1文は少々長くて訳しづらいです。「最悪の問題は、AではないしBでもCでもない」という構造を読みとることはたやすいのですが、ここで大切なのが**同語反復の効果**です。試しに、この英文を声を出して読んでみてください。音読すると、それまで見えなかったものが見えてくることがあります。後半が対句のような形式になっていて、しかもpermitとforbidという反対語が2度ずつ使われているので、リズミカルでありながら、ちょっと舌を噛みそうな感じがしませんか。実はこのような同語反復

が見られるのはここだけではなく、最終段落でもよく似た形が登場します。だとしたら、これは書き手が意図的に仕組んだと考えてよく、2度ずつ出てくる permit と forbid を同じ語で訳さないとこれに近い効果は得られません。そして、**ここを忠実に訳し出すことが、最終段落の「落ち」を引き立たせる**のです。

　第2文は、前の文で「〜ない」がつづいているために、「そうではなく」がうるさく感じられます。これは削ってかまいません。また、読点がなくて読みづらいので、「危険なのは」のあとに入れるといいでしょう。

　第3文は、この訳文では何が言いたいのかよくわかりません。carry a big stick が「強権を振るう」というのは正しいですが、spare や not to speak of の意味をつかめていないようです。spare は、ここでは「〜を免れさせる」「〜に苦労をかけない」の意で、not to speak of は「〜は言うまでもなく」「〜はもちろん」。国の利益のために、臣下をこき使うのは当然のことだが、アルフォンスは自分自身の労をも惜しまないと言っているのです。自分自身をもきびしく律するというのは、献身的な名君のようにも感じられますが、この国ではちょっと事情がちがうということが以下の段落に書かれています。

---

(5)
If the young king had an idea on Monday, the idea was law on Tuesday. On Wednesday, the law was enforced, and on Thursday, the heads of lawbreakers were flying right and left.

生徒訳

若い王が月曜日にあることを思いつくと、火曜日にはそれが法となった。水曜日には法が施行され、さらに木曜日になると多数の犯罪者があちこちで逃げ出すことになった。

> **わたしの訳**
>
> この若い国王が月曜に何かを思いつくと、火曜にはそれが法律になった。水曜にはその法律が施行され、木曜には違反者たちの首が左右に飛んだ。

▶ **解説**

　ここは事実が淡々と記されているので、よけいな説明を加えずに簡潔に訳すこと。第1文の主語が「若い王」になっていますが、アルフォンスと同一人物であることがややわかりにくいので、「この若い王」や「その若い王」のほうがいいでしょう。

　第2文の最後は、the heads of lawbreakers were flying right and left をそのまま「違反者たちの首が左右に飛んだ」と訳せば、原文の小気味よいリズムを生かすことができ、ブラックユーモアのきいた切れのよい文になるのですが、どうもここは生徒訳のように考えすぎて意味を取りちがえる人や、**説明的にことばを加えておもしろみのまったくない訳文にしてしまう人**が多いようです。

「多くの違反者が国じゅうで罰せられた」では、この国が世界最悪であるという恐ろしさがまったく伝わりませんし、「違反者たちの首がつぎつぎに飛ぶ騒ぎになった」などの訳は、まちがいではないものの、「騒ぎになった」とワンクッションを入れることによって、原文の持つ生々しさがぼやけてしまいます。

> **(6)**
> After a month or two, the new law would somehow fade away, but by then a still newer law would have been proclaimed. As they said in Yonia, "All you need is a law, and there will never be a lack of lawbreakers."

> **生徒訳**
>
> 1, 2ヶ月たつとどういうわけかその新しい法律は徐々に忘れ去られていくのだが、その頃にはさらなる新しい法が公布されていた。「必要なのは法だけ、犯罪者がいなくなることは決してない」とは、ヨニアではよく言われることだった。

> **わたしの訳**
>
> 1, 2か月経つと、その新しい法律はいつの間にか消滅したが、そのころには別の新しい法律が公布されていた。ヨーニアでは、「必要なのは法律だけで、違反者には事欠かない」とよく言われた。

▶ 解説

　第1文は、大きなミスは特にありませんが、somehow を「どういうわけか」と機械的に訳すと、あたかも理由があるのが当然のように感じられ、本文の意図しない方向へ読者の思考が向かっていくので、「なんとなく」「いつの間にか」ぐらいがいいでしょう。「いくぶん」という訳もときどき見かけますが、ここは fade away をそんなふうに弱めているわけではありません。

　"would have been ～" は仮定法ではなく、「過去の習慣」の意味の would に完了形がついただけです。同じ would が前の行にも出てきますね。

　もうひとつ、law の訳語が「法律」になったり「法」になったりというのは好ましくありません。

　第2文は、「犯罪者がいなくなることは決してない」というのが、まちがいではないものの、正真正銘の悪人が多いという意味にとられかねないので、「きびしい法律が多くの違反者を生む」というニュアンスの伝わる訳文を作りたいものです。

(7)
Of course, the king never consulted anyone when he made his plans. True, he was surrounded by counsellors and sages. But in Yonia counsellors earned their title only by listening to the king's counsel, and sages, by nodding sagely every time the king spoke.

> **生徒訳**
>
> もちろん、計画をたてるときに王が誰かの助言に耳を傾けることは一切なかった。確かに、王の御付には複数の相談役と哲人がいた。けれどもヨニアでは、王の考えをただ聞くだけで相談役の称号が、王が話すたびに思慮深くうなずくだけで哲人の称号が、それぞれ与えられていたのだ。

> **わたしの訳**
>
> もちろん、国王は立案に際して、だれにも相談しなかった。たしかに、国王のまわりには、指南役や賢人がおおぜいいた。だがヨーニアでは、指南役とは、国王の指南を受ける人々のことであり、賢人とは、国王が話すたびに賢そうにうなずく人々のことだった。

▶ 解説

　最終段落がなかなかむずかしい。第1文は特に大きな問題がありませんが、第2文と第3文のおもしろさを忠実に伝えるのは至難の業です。

　第4段落第1文の説明でも書いたとおり、ここでも counsel と sage という2語がそれぞれ繰り返されていることに注意してください。第3文には、ずいぶん突飛でばかばかしいことがさりげなく、おもしろおかしく書かれているのですが、それを多少とも伝えるには、複数回出てくる counsel と sage に同じ訳語を与える必要がどうしてもあります。生徒訳は、とりあえず英文の意味は正しくとらえていますが、同語反復ができて

いないので「落ち」のおもしろさが半減しています。

　もっとも、それ以前に listening to the king's counsel の意味をつかめない人も多いようです。ここは、counsellor というのは本来助言を与える人のことなのに、この国では王から助言を受ける人を counsellor と呼ぶと言っているのです。この珍妙な用語法を訳文で伝えるためには、「相談」「相談役」という訳語では、立場が逆転することがわかりにくい。「助言」「助言者」を使えば、「ヨーニアでは、助言者とは国王の助言を聞く者を指す」などという訳文を作れますが、「助言者」というのはあまり肩書きらしくないので、わたしは「指南」「指南役」という訳語をあてています。

　sage のほうは「賢人」「賢そうに」などと処理すればいいでしょう。earned their title は「称号が与えられる」でも悪くありませんが、「〜と呼ばれている」ぐらいでじゅうぶんです。

　最後の一文では、英文の表現効果までを正確に汲みとる読解力と、その効果と同様のものを日本語で伝えていく発想の豊かさが同時に求められています。

▶ まとめ

　最終的に作る訳文は、原文と同程度の歯応えを持つものが理想ですが、あえて言えば、**原文よりも少しだけ噛み砕いた、少しだけ柔らかい（つまり、わかりやすい）**ぐらいのものがちょうどよいかもしれません。というのも、ひとつの言語を他の言語に 100% 完璧に移し替えることはそもそも不可能であり、どうがんばっても 90% か 80% 程度しか伝わらないのが翻訳というものの宿命だからです。最後の 10% や 20% は、言ってみれば訳者の裁量にまかされていて、そこで**日本人読者に向けての調整をおこなうことも翻訳者の重要な仕事**だとわたしは考えています。

　原文の意味を忠実に伝えようとぎりぎりまで格闘し、最後は訳者自身の表現力で勝負するというのが、翻訳という仕事の究極のきびしさであり、究極の喜びでもあります。

7 | どこまで説明するか

📝 紳士の社交場である「クラブ」で、英国紳士たちが料理について話しています。ほぼ同世代である、accountant, solicitor, Gladwin（職業不明）、Henry（作家）の4人が登場します。

この問題では、あとで3人の生徒訳を紹介しますから、まずは自分の訳文を作ってください。ルビや訳注をある程度使ってもかまいません。

"Every night that I dine here," the accountant said. "I am made to eat dory, halibut, or brill. And have you ever studied the sauces?"

"I have." the solicitor said. "There are three, perhaps four. A brown substance of uncertain taste, called generally 'Sauce Robert', which disfigures cutlets and suchlike, or has pepper added and arrives again under the name of 'Sauce Diable' with grilled chicken. That's one."

"The second and most frequent," went on Gladwin, "is a yellow abomination. I think it starts life as a mayonnaise. When it begins to go sour it is put on the fish and called 'Bonne Femme'."

"And when really unpleasant, is termed 'Au Vin Blanc'."

"Thirdly we have a red one usually called 'Tomato'. I apologize to my readers for mentioning it."

Henry waved his hand airily to an imaginary audience.

"In the interests of accuracy I must add mint," concluded the solicitor, "but that is all, absolutely all. Plenty of names, but just those four colours."

"What about oyster with very indifferent cod, and mustard sauce with the all too rare herrings?" The accountant was trying to be fair.

"Both variations of the yellow variety. In one case mustard is added. In the other, nothing whatever, the flavour of the oyster being supplied by the imagination of the diner. It's a sort of confidence trick."

"What about 'Au gratin'?"

"I groan that you should mention such a thing, Henry! The yellow variation again, slightly impregnated with Canadian cheddar."

"'Yet each man gets the cheese he craves, by each let this be known,' as the poet did not say."

わたしの訳

「ここで夕食を頼むと」会計士が言った。「いつだってマトウダイかオヒョウかヒラメを食わされる。それに、どんなソースが出るか知ってるか」

「ああ、知ってる」事務弁護士が言った。「3種類しかない。いや、4種類か。まず、不思議な風味の茶色い液体がある。ふつうは"ソース・ロベール"なる名前がついていて、カツレツなどの味を破壊するが、胡椒が加えられて"ソース・悪魔公（ロベール1世の俗称）"と名を変え、グリルド・チキンに添えられることもある。それがひとつ」

「2番目は、いちばんよく出されるソース」グラッドウィンが引きとった。「黄色い不気味な代物だ。たぶん、生まれたときはマヨネーズだったんだろう。酸味が増してくると、魚にかけられて、"家庭料理風（ボンヌ・ファム）"と呼ばれる」

「そして、いよいよひどくなると、"白ワイン風（オー・ヴァン・ブラン）"と名づけられる」

「3番目は赤いソースで、通常"トマト"と呼ばれている。ぼくは作品に登場させたことがある。読者諸君、申しわけないことをした」ヘンリーが姿なき聴衆に向かって軽く手を振った。

「厳密に言うと、そのほかにミント・ソースがある」事務弁護士が言った。「しかし、それでおしまいだよ。名前はいろいろついているが、その4色しかない」

「ぞっとしないタラにかかったオイスター・ソースとか、奇妙奇天烈なニシンにかかったマスタード・ソースはどうなんだ」会計士が公正を期して尋ねた。

「両方とも黄色いやつの変種だよ。片方は、マスタードを混ぜてある。もう片方は、何も手を加えずに、食べる者の想像力の助けを借りて、カキの香りを生みだす。一種の信用詐欺だな」

「"オー・グラタン"は？」

「そんなものを思い出させないでくれ、ヘンリー！ あれも黄色の変種だよ。カナディアン・チェダー・チーズを少し溶かしこんであるだけだ」

「"されど男はみな愛するチーズを食する。みなの者よ、よく知るがよい（オスカー・ワイルド『レディング牢獄の唄』のもじり）"——とは、かの詩人は言わなかったけどね」

138

▶ 解説編

　リチャード・ハルの『他言は無用』（創元推理文庫、原題 *Keep It Quiet*）の一節です。この問題では、3人の生徒（Aさん、Bさん、Cさん）の訳文を見ながら、本人たちと話し合っていく形で解説を進めていきます。3人とも、文芸翻訳のクラスにかよいはじめて半年ぐらいの人たちです。

越前：課題文は1935年に出版されたブラックユーモア・ミステリーの一節です。ポイントは、ユーモアをいかに読みとるか、そしてそれをどう表現するか。先に言ってしまうと、クラブのまずい料理について、みんなであれこれ言って、からかっているわけです。**イギリス人特有のわざと持ってまわった言い方をしているおかしさが読みとれるかどうかが肝になります。**

　課題文の冒頭に、「ルビや訳注をある程度使ってもかまいません」と注意書きを入れました。裏返して言うと、**本来はルビや訳注をあまり使わないほうがいい**ということ。実のところ、ジョークの部分にルビや訳注を入れたところで、読者が笑うことはないでしょう。それでも、まったく説明しなければ、なんのことだかさっぱりわかりません。大笑いとまではいかなくとも、クスクス笑えるくらいの訳文を目標にするのでじゅうぶんだと思います。

(1)
"I am made to eat dory, halibut, or brill. And have you ever studied the sauces?"

わたしの訳

「いつだってマトウダイかオヒョウかヒラメを食わされる。それに、どんなソースが出るか知ってるか」

越前：魚の名前が出てきますが、この作品のようにいろいろ並べるなら、表記は漢字ではなくカタカナのほうがいいと思います。be made to do は「〜させられる」。「食べさせられる」という時点で、まずい料理だということが分かります。B さんと C さんは、ここを「食べるようにしている」と訳しているけれど、どうして？

C さん：実は、まずい料理について話しているのではなくて、料理はおいしいのに、味がわからない人たちの話かと思ってしまったんです。フランス料理なのに、ソースの「色」の話しかしていないところがおもしろいのかなと。それで、「食べさせられる」というイメージがなかったのだと思います。

B さん：わたしも、まずい料理ではなく、ふつうの料理の話かと思って読み進めてしまいました。

越前：なるほど、そうすると、全体に意味がずれてしまいますね。ここは、原文に忠実に「〜させられる」の意味でいいと思います。

　最後の the sauces は the がついているから、一般的なソースではなく、このレストランのソースのことです。C さんの訳は「このレストランの」と読めるけれど、A さんと B さんの訳は、一般的なソースのように読めてしまう。こういう細かい部分にも注意してください。

---

(2)
A brown substance of uncertain taste, called generally 'Sauce Robert', which disfigures cutlets and suchlike, or has pepper added and arrives again under the name of 'Sauce Diable' with grilled chicken.

わたしの訳

まず、不思議な風味の茶色い液体がある。ふつうは"ソース・ロベール"なる名前がついていて、カツレツなどの味を破壊するが、胡椒が加えられて"ソース・悪魔公（ディアーブル）（ロベール1世の俗称）"と名を変え、グリルド・チキンに添えられることもある。

▶ Aさん

実務翻訳者歴10年。現在はフリーランスでIT翻訳を手がける。業界に機械化の波が押し寄せるなか、10年後、20年後に生き残れる翻訳者になるために、翻訳力を磨きたいと考えている。

Aさん訳

「夜、ここで食事すると」と会計士が切り出した。「いつもマトウダイやオヒョウ、ヒラメを食べさせられる。誰かソースに詳しい人は？」
「詳しいとも」こう答えたのは事務弁護士だ。「ソースには3種類ある。もしかしたら4種類かもしれないが。まず、"ロベールソース"の名で通っている、味のはっきりしない茶色い代物。カツレツの見た目を台無しにするやつだ。これに胡椒を加えると、今度は"ディアブルソース"の名でグリルドチキンとともに再登場となる。以上が1つ目」
「2つ目のよくお目にかかるのが」とグラッドウィンが続けた。「黄色い忌まわしいやつ。おそらく、生まれたときはマヨネーズだったのだろう。それが酸っぱくなり出すと、"ボンファム"の名で魚にかけられる」
「そしてどうにも耐えられない味になると、"オーヴァンブラン"と呼ばれるわけだ」
「3つ目は、"トマトソース"と普段呼んでる赤いやつ。読者諸君よ、

141　　　　　　　　（143ページに続く）

越前：substance は「物体」。disfigure は「〜を醜くする」。どちらも、ふだんの会話では使わないような硬いことばがあえて使われています。「味が不明の茶色い物体」と言って、ソースを小ばかにしている。こういう部分をしっかり読みとって、訳文にも反映してもらいたいところです。

　Sauce Robert と Sauce Diable というふたつのソースが出てくるけれど、両者の関連性については、3人とも読めていなかったみたいですね。結論から言うと、(le) Diable で辞書に「悪魔公。残忍であったロベール 1 世のあだ名」とある。これがわかれば、両者の関連に気づけたと思います。こういうところは、何か裏があるにちがいないと疑ってもらいたいですね。ブラックユーモア小説をたくさん読んで、たくさん訳していけば、そういう勘どころがつかめてくるでしょう。

---

(3)
"The second and most frequent," went on Gladwin, "is a yellow abomination.

わたしの訳

「2 番目は、いちばんよく出されるソース」グラッドウィンが引きとった。「黄色い不気味な代物だ。」

越前：abomination は「忌まわしいもの、いやなもの」という感じですね。何か堅苦しい訳語をあてたかったんだけれど、思いつかなくて「不気味な代物」としました。A さんの「忌まわしいやつ」、C さんの「不気味なソース」はいいと思います。B さんは、abomination が訳として出ていないのが残念でした。

---

(4)
I think it starts life as a mayonnaise. When it begins to go sour it is put on the fish and called 'Bonne Femme'."
"And when really unpleasant, is termed 'Au Vin Blanc'."

こんなものを持ち出してしまって申し訳ない」ヘンリーは~~こ~~う言いな

がら、その場にいない<u>読者</u>に向かって軽快に手を振った。
　　　　　　　　　　聴衆

「正確を期すならミントソースを加えるべきだ」と弁護士が<u>締めくくっ</u>

た。「でもこれですべてだ。間違いない。呼び名は様々でも、色は今　不要

挙がった四色だけだ」

「ありきたりなタラにかけられる<u>オイスターソース</u>は？ それと、滅

多にお目にかからない<u>ニシンに使う</u>マスタードソースは？」会計士は　ここで言いたいのはどういうことか？

公正さにこだわった。

「どちらも黄色いソースの類だ。1つはマスタードを加えたもの。も　もうひと工夫

う1つはオイスターでも何でもない。食べる人の想像力でカキの風味

が供されるだけ。一種の<u>詐欺</u>だ」　原文どおり正確に
　　　　　　　　　　　　信用

「じゃあ、グラタンは？」
　　　　オー

「ヘンリー、きみがそんなことを言うなんて！ これも黄色いソース　意味があいまい

の一種に決まってるだろう。カナディアンチェダーチーズをほんの少　合合

し溶かしただけの」

「『しかし人は皆、欲しいチーズを手に入れる。皆のもの、知るがよい』

と、かの詩人は言ってないけどね」

> **わたしの訳**
> たぶん、生まれたときはマヨネーズだったんだろう。酸味が増してくると、魚にかけられて、"家庭料理風(ボンヌ・ファム)"と呼ばれる」
> 「そして、いよいよひどくなると、"白ワイン風(オー・ヴァン・ブラン)"と名づけられる」

越前：ここは、原文どおりに訳すのがいちばんおもしろいです。マヨネーズとして人生をはじめて、それがどんどんひどいものになっていく。starts life という、いかにも大げさな言い方をすることで、逆にからかっているわけです。

　ここでもソースの名前がふたつ出てくるけれど、C さんは割注でソースの説明をしている。それは重要なことではなくて、いちばんのポイントは、フランス語だとおいしそうに聞こえる、それなのにまずい、というところです。

C さん：ここも、逆の意味にとらえてしまいました。「おいしいフランス料理なのにそれがわからない」ということがおもしろいのかと思って、フランス料理の説明を入れたんです。

越前：全体に解釈がねじれたんですね。ソース名の表記については、カタカナだけでもフランス語っぽい響きはするから、それでいいかもしれません。ただ、読者がソースの意味までわかってイメージできれば、それが理想的。だから、ぼくの訳では"家庭料理風"、"白ワイン風"と意味を書いたうえで、フランス語読みのルビを入れました。B さんは、Bonne Femme を「おふくろの味」と訳していますね。

B さん：辞書で引いたら、そのまま「おふくろの味」と出てきたので……。

越前：意味はまちがいじゃないけれど、ここはフランス語っぽいおしゃれな響きのほうがいいと思います。

---

(5)
I apologize to my readers for mentioning it." Henry waved his hand airily to an imaginary audience.

▶ Bさん

外資系企業勤務。海外の取引先と英語でやりとりする機会も多い。子供のころから小説を読むのが好き。翻訳の仕事にあこがれはあるが、いまは翻訳の勉強が楽しくて講座を受講中。

Bさん訳

「ここでの夕食はいつも、鯛か鰈か鮃を食べるようにしているんだ。〔カタカナのほうがよい〕

きみたちはソースについて勉強したことあるかい?」と会計士の男が〔一般論のように読める〕〔〜させられる〕

言った。〔前の台詞とつながらない「あるよ」など。〕〔入れてもいいが統一すべき〕

「やったよ」事務弁護士の男は答えた。「3種類か、たぶん4種類あるんだ。味のはっきりしない茶色いもの、大抵ロバートソースと呼ばれ〔ロベール〕

ている〔入〕カツレツの見た目を悪くするようなものか、胡椒が効いていて〔単調〕〔など〕〔ふたつのソースの関係は?〕

網焼きチキンにかかっているディアブルソースという名前になっているもの。それがひとつ目だよ」

〔「2番目に多い」と読める〕

「2番目によくあるのが、黄色いものだね」とグラッドウィンが続けた。

〔abomination〕

「マヨネーズとして人生が始まると思う。それがすっぱくなり始める〔原文は現在形だがここは「た」のほうがよい〕

と、魚にかけて、おふくろの味と言われる」〔ボヌ・ファム〕

「そして、実際に気に入らないと、白ワインと称される」〔オゥ・ヴァン・ブラン〕

〔だれが?〕

「3番目は赤いもの、大概トマトと言われているものだ。僕は読者に

それについて書いたことを謝らなくてはならない」ヘンリーは目に見〔聴衆〕

えない読者に軽やかに手を振った。

145　　　　　　　　　　　　　　(147ページに続く)

> **わたしの訳**
>
> ぼくは作品に登場させたことがある。読者諸君、申しわけないことをした」ヘンリーが姿なき聴衆に向かって軽く手を振った。

越前：mention は「〜に言及する」。Henry は作家なので、「いまここでトマトソースのことを話題にした」と「作品のなかでトマトソースに言及した」の2通りの意味が考えられます。実は、この作品の別の個所で「作中に登場した」と読める個所があるので、正解は後者なんだけれど、課題文の英語だけで判断するなら、どちらにもとれると思います。そのあとの audience はどう解釈しましたか。

Aさん：その前に apologize とあるので、Henry の頭のなかにいる読者に向かって「申しわけない」と手を振ったのかなと思いました。

越前：なるほど。Henry は気どったやつで、読者を対象に講演会でもしているつもりになっているんでしょう。だから、ここは「読者」とせずに、そのまま「聴衆」がいいと思います。

> **(6)**
> "What about oyster with very indifferent cod, and mustard sauce with the all too rare herrings?" The accountant was trying to be fair.

> **わたしの訳**
>
> 「ぞっとしないタラにかかったオイスター・ソースとか、奇妙奇天烈なニシンにかかったマスタード・ソースはどうなんだ」会計士が公正を期して尋ねた。

越前：oyster は「オイスターソース」のこと。3人とも、ちゃんと「ソース」と補っていますね。

ここでむずかしいのは、very indifferent cod と all too rare herrings

「精度を上げるために、わたしはミントを追加する」事務弁護士がまとめた。「これで全部だ、完全に全部。名前はいろいろ出てくるかもしれないが、これでちょうど4色だ」

〔わかりにくい〕〔ソース〕〔だけ〕

「ひどくまずい鱈につけるオイスターソースや、最高級の鯡にかけるマスタードソースはどうだ？」会計士が公平さを保とうとして言う。

〔ここで何を伝えたいのか？〕

「どちらも、黄色種の変形だろう。ひとつにはマスタードが入ってる。もうひとつにはレストランで想像できるオイスターの味以外何もない。それは信用を裏切る行為みたいなものだよ」

〔こういう意味ではない〕〔オーロ〕〔信用詐欺〕

「グラタンはどうだろう？」

「きみがそんなこと言うなんて、不満の声を上げるよ、ヘンリー！それも黄色の変形だろう。カナダのチェダーチーズで若干満たされてる」

〔ぎこちない〕〔「だ」と断定すべき〕〔もうひと工夫〕

「"しかし、それぞれの男は自分で切望するチーズを得ます。それぞれによって、これに知らされるでしょう"とは、詩では言われてないよ」

〔元ネタは？簡単に調べられるはず〕

第2部 文芸翻訳の実践

です。ぼく自身も、かなり悩みました。indifferent を辞書で引くと、「よくも悪くもない、ふつうの、平凡な」と出てくる。very をともなって「まずい、つまらない」という意味になる、とも書かれています。だからと言って「まずい」と訳していいかというと、そうでもないんですね。ほんとうは「ものすごくまずい」と言いたいはずなんだけど、あえて very indifferent とまわりくどく言っている。そういう言い方は日本語にもあるし、日本人でも笑えるはず。

　そうすると、all too rare も同じ流れになるはずです。all too rare は「とても珍しい」。ここも、ほんとうは「とてもまずい」と言いたいんだけど、わざとまわりくどく言うことで、ばかにしているわけです。文字どおり「珍味」なんですよ。

　このふたつについては、ぼくは最終的に「奇妙奇天烈」「摩訶不思議」という、どちらも漢字5文字の対になる言い方で表現しました。ひょっとしたら、もっといい訳があるのかもしれません。A さんの「滅多にお目にかからないニシン」は、からかっている感じがうまく出ていると思う。「ありきたりなタラ」は、ちょっと惜しいですね。

A さん：タラもニシンもイギリス料理ではよく使われる大衆魚なので、「ありきたりな魚にソースをかけてフランス料理風にしている」という意味で言っているのかな、と解釈してしまいました。

B さん：わたしは、そもそも「まずい料理について話している」という前提がなかったですね。ここでは「ひどくまずい鱈」と「最高級の鰊」という訳にしましたが、その対比がおもしろいのかなと思っていました。

越前：なるほど。C さんは「生焼けニシン」としているけど、この rare は「生焼け」の意味で魚に直接かかることはないと思いますよ。

C さん：そうなんですね。わたしは、rare に仕上げる調理法があるのに、この登場人物たちがそれをわかっていないんだろうと解釈してしまいました。

▶Cさん

外資系メーカーの社内翻訳者として、マニュアルやカタログなどの翻訳を手がける。大学時代は文学専攻。大病を機に、以前からあこがれていた文芸翻訳者をめざし、勉強をはじめた。

Cさん訳

「ここで夕食をとるときはいつも」会計士が言った。「マトウダイ、オヒョウ、カレイなんかを食べるようにしているよ。で、ソースのことを考えてみたことはあるかい」

「あるよ」弁護士が言った。「3、4種類あるね。ぼんやりした味の茶色いソースはだいたい《ソース・ロベール(仏料理のソース)》だ。カツレツやなんかにかかっていると見た目が悪い。コショウを足して使いまわすと、《ソース・ディアブル(仏料理のソース)》と名前がついて、グリルチキンにかかってくる。これがひとつ」

「ふたつ目はしょっちゅう出てくる」グラッドウィンが続けた。「黄色くて、不気味なソースだ。もともとはマヨネーズだったんじゃないかな。酸味を加えて、魚の上に載せれば、《ボン・ファム(クリームソースをかけた魚の蒸し煮)》になる」

「じつに不愉快なのは《オー・ヴァン・ブラン(白ワインのソース)》になったときだ」

「3つ目は《トマート》という赤いソースだ。これのことを書くのは

(151ページに続く)

(7)
"Both variations of the yellow variety. In one case mustard is added. In the other, nothing whatever, the flavour of the oyster being supplied by the imagination of the diner. It's a sort of confidence trick."

> **わたしの訳**
> 「両方とも黄色いやつの変種だよ。片方は、マスタードを混ぜてある。もう片方は、何も手を加えずに、食べる者の想像力の助けを借りて、カキの香りを生みだす。一種の信用詐欺だな」

越前：variation は「変種」などとするとわかりやすいですね。Bさんの「変形」もいいと思います。全体の意味は、変種がふたつあって、一方にはマスタードを加えているけれど、もう一方は「何も加えていない (nothing whatever)」。何もしていないのに「オイスター」と名前をつけることで、食べる人にそう思いこませているということです。the diner は「食べる人」のこと。BさんとCさんは the diner を「レストラン」と訳しているけど、これだと意味が通りません。

　a sort of confidence trick は「一種の信用詐欺」。これを「信用詐欺のようなもの」と訳すと、信用詐欺ではない、何か別のものという意味に聞こえてしまうので、「一種の」がいいでしょう。こうした a sort of, a kind of の訳し方にも気をつけてください。

(8)
"I groan that you should mention such a thing, Henry!

> **わたしの訳**
> 「そんなものを思い出させないでくれ、ヘンリー！

読者に申し訳なく思う」ヘンリーはそこにいない聴衆に向かって手をふってみせた。

「正確を期すならば、ミントを加えるべきだ」弁護士が断じた。「だが、それで終わりだよ。これだけだ。山ほど名前がついているけど、たった4色しかない」

「味のないタラに添えられたオイスターソースとか、生焼けニシンのマスタードソースはどうだい」会計士はつとめて公正であろうとした。

「どっちも黄色の仲間だろう。片方はマスタードを足した。もう片方はなにもしていなくて、カキの味がついているというのはレストラン側の想像だ。ある意味、詐欺だよ」

「《オー・グラタン》はどうだ」

「それのことを言うとはな、ヘンリー。これまた黄色の変化形だよ。カナディアン・チェダーチーズがちょっと入ってるだけ」

「『人すべてその欲するチーズを手に入れる。万人これを知るがよろしい』、なんて、ワイルドは言っていないか」

越前：I groan とあるから、話し手は「そんなものの話をするな」と怒っているわけですね。groan は「文句を言う、不平をこぼす」。これをそのまま訳す手もあるけれど、Bさんの「不満の声を上げる」は、ちょっとぎこちないかな。ぼくは「そんなものを思い出させないでくれ」と、文全体で怒りを表すようにしてみました。Aさんの「きみがそんなことを言うなんて！」は、少し弱いと思います。

Aさん：「心外だ」とか、そういうひとことをつければよかったでしょうか。

越前：それもいいかもしれない。もうひとつ、「きみがそんなことを言うなんて！」だと、妙に「きみ」が強調される感じがするんですね。「きみ」以外のだれかが言ったとしても、怒るはずなので。

(9)
The yellow variation again, slightly impregnated with Canadian cheddar."

わたしの訳

あれも黄色の変種だよ。カナディアン・チェダー・チーズを少し溶かしこんであるだけだ」

越前：ここは、ぼく自身も自分の訳に納得していません。impregnate って、「〜を妊娠させる」という意味もあるんです。前に「生まれたときはマヨネーズだった」という表現もあったし、何かそれと妊娠を関連づけるような言い方ができないかと考えたけれど、思いつかなかったので「チーズを溶かしこんである」としました。

Aさん：いろいろ考えたのですが、「妊娠させる」をどう日本語にすればいいか分からず、「溶かした」としました。

Bさん：わたしも、「妊娠させる」と言ってもチーズだし……と思って、「満たされてる」としました。

Cさん：わたしも、ちょっと妊娠させる（slightly impregnated）ってど

ういうことかとわからなくなって、逃げてしまいましたね。「ちょっとはいってる」ぐらいでいいかなと。impregnate という単語にこだわらずに、つじつまを合わせる訳にしました。

Aさん:「チーズの落とし種」とか「隠し子」とか、そういう訳でもよかったのかも。

越前:はははは。たしかに、そのぐらい遊んでもいいかもしれない。「忘れ形見」とかね。

> (10)
> "'Yet each man gets the cheese he craves, by each let this be known,' as the poet did not say."

わたしの訳

「"されど男はみな愛するチーズを食する。みなの者よ、よく知るがよい（オスカー・ワイルド『レディング牢獄の唄』のもじり）"——とは、かの詩人は言わなかったけどね」

越前:ちょっとネット検索などをすればわかるけど、これはオスカー・ワイルドのことばの引用、パロディです。as the poet と言っているところを見れば、いかにも何かの引用にちがいないとわかります。3人とも、そこまで調べられましたか。

Aさん:はい。たしか、cheese という単語を抜いて検索したら出てきたと思います。

Cさん:わたしは、冒頭の yet each man gets で調べたと思います。図書館でワイルド全集を2冊見て、そのうちの片方の訳文で引用しました。

Bさん:わたしは、オスカー・ワイルドというところまではわかったのですが、うまい日本語が浮かばなくて、訳に反映できませんでした。

越前:なるほど。いまは簡単にネットで調べられる時代ですから、こういうところは今後も手を抜かないようにしてください。あとは、訳文でどう処理するか。むずかしいですね。あまり流れを断ちたくないんだけど、ここ

は割注で説明しました。割注を入れないなら、いかにも引用という感じの文語調で訳したいですね。Aさんの「かの詩人」もOKだと思います。
　日本の読者は何の引用かということを気にする人が多いから、ちょっと親切すぎるくらいがちょうどいいとも言えます。
Cさん：わたしも知りたいほうです（笑）。
越前：割注は、原則としては、ないに越したことはありません。ただ、割注を入れないようにと無理するあまり、翻訳者が訳文にことばを補いすぎるのは、かえってよくない。翻訳書を読んでいても、ああ、翻訳者が補ったんだろうなと気づいて興醒めになることがあります。そうなるぐらいなら、割注を入れたほうがいいと思います。

▶ まとめ

越前：最後に、全体の感想を。
Bさん：大変でした。きちんと読みとれず、まったくちがう方向に解釈してしまった部分もあったので、本をたくさん読んで勘を磨いていくしかないんだろうと思います。
Cさん：わたしは場面設定を最初に読みちがえて、それを最後まで引きずってしまいました。わたし、料理が好きなんです。Sauce RobertもSauce Diableも知っていたので、ふつうのソースだからと思って、あまり調べませんでした。
越前：得意な分野のほうがかえって誤訳するということはあるかもしれないですね。
Aさん：ブラックユーモアの部分は、何かおもしろいことを言っているんだろうとは思いながら、最後まで悩みました。どういうふうにおもしろいのか、自分がつかめていないから、訳文にも反映することができませんでした。そこが大変でしたね。
越前：でも、なんとか笑わせようとはしたんですよね。笑いがいちばんむずかしい。ほんとうは、説明しようとすればするほどつまらなくなるんだけど、それでも説明せざるをえないというのが、翻訳のじれったいところでもあります。さまざまな制約のなかで、原文の読者と同じようにとまでは

行かないまでも、少しでも笑わせるように最大限に努力することが大事です。なかなかの難問でしたが、みなさん、お疲れさまでした。

第2部 文芸翻訳の実践

《コラム2》
どんな本を読むべきか

　文芸翻訳の勉強をしている人から、読書に関する質問を受けることがよくあります。ここでは、いくつかの例とわたしの回答をまとめました。

Q1：翻訳家をめざす大学生が在学中にすべきことを教えてください。優先順位を知りたいです。
A1：まず第1に、本をたくさん読むことです。その際、**外国語の原書、翻訳書、日本人作家の作品の3種類のどれかだけに偏らないようにしてください**。翻訳書を読んでもいないのに翻訳家になりたいという人がけっこういますが、それはプロのサッカーの試合を見ずにサッカー選手になりたいと言い張るのと同じくらい変なことです。
　第2に、語学力をつけることですが、特に**第2外国語をしっかりやっておく**と、ほかの外国語や日本語への理解も深まります。
　第3に、**疑問に思うことを辞書やネット検索などでしっかり調べる習慣をつける**ことです。楽しみながらも、ぜひ豊かな時間を過ごしてください。

Q2：勉強のためには、翻訳書よりも日本人作家の書いた本をたくさん読むほうがよいのでしょうか？
A2：原書、翻訳書、日本人作家の作品の3種類をバランスよく読むのが理想です。仮にも文芸翻訳の勉強をしようという人なら、月に10冊以上読むのは当然なので、原書を最低でも月1冊、翻訳書と日本人作家の本をそ

それぞれ最低でも週1, 2冊は読んでください。その程度のことが苦痛だとしたら、そもそも文芸翻訳の勉強に向いていませんから、ほかのジャンルをめざすべきです。

　文章力をつけるという意味では、たしかに日本人作家の文章をよく研究すべきですが、**翻訳には翻訳特有のさまざまな問題があり、そういうことは翻訳書からしか学べません。**たとえば、ミステリー作品でshotgunを「ショットガン」と訳すべきなのか「散弾銃」と訳すべきなのかは、翻訳ミステリーの新作をある程度読んで、現代のスタンダードを知らなくては判断しようがありません。

Q3：ミステリーの翻訳をしたいのですが、過去の作品をあまり読んでいません。どんなものから読んでいけばいいでしょうか。
A3：これにはふたつの方法があると思います。

　第1は、古いほうから順に、体系的に攻める方法です。ミステリーの嚆矢とされるポーの作品からはじめ、19世紀後半のディケンズやコリンズやガボリオなどを経て、黄金時代と呼ばれる1920年代から30年代の作品群を徹底的に研究したのち、徐々に現代へ近づいていく。もちろん、そのためにはとてつもなく強靭な意志と膨大な時間が必要とされ、現実にはほとんど不可能でしょう。19世紀末のシャーロック・ホームズにたどり着く前に挫折するのは目に見えています。

　そこで第2の方法ですが、まったく逆に、最新のものから順に攻めたらどうでしょうか。ミステリーの場合、年末になると《このミステリーがすごい！》(宝島社)や《週刊文春》などに年間ベストテンが掲載されるので、それを参考にして、たとえば最新版の1位から10位まで何も考えずにひたすら読んで、そのなかで特に気に入った作家の旧作をさかのぼって読んでみたり、あとがきや解説を参考にして同一傾向の作品へ手を伸ばしたりし

てみてください。

　いわゆる「通」の人たちはそんな読み方を邪道だと批判するかもしれませんが、その人たちの多くも10代のころには似たようなことをしていたはずなので、雑音を気にすることはありません。ある程度読んでいるうちに、古典への興味や体系化への意志も自然に芽生えてくるものですから、そうなったときにはじめて、心の内なる声に答えてやればいいのです。求道的に堅苦しく考えていては長つづきしません。

　そうは言っても、やはり量は必要です。ただ、わたし自身が翻訳学校などで長年教えてきた経験から言うと、翻訳にせよリーディングにせよ、かならずしも原書や訳書を読んでいる量に比例して出来がよいわけではありません。**ある程度以上の量を読んでいないと論外ですが、最後は質の勝負です。**もともと本が大好きで、ふだんから論理的に物を考えて明晰に表現する習慣が身についている人なら、訳書を数十冊、原書を数冊しっかり読みこむだけでも、かなり力がつくはずです。原書であれ訳書であれ、焦らず、深く正確に読むことをむしろ心がけてください。

　もちろん、これはミステリーだけではなく、すべてのジャンルについて言えることです。

Q４：以下の（1）から（5）について教えてください。
A４：
(1) 翻訳者・通訳者になるきっかけになった本
　ありますが、タイトルはここに書けません。
　10代のころ、この仕事を将来めざす遠因となった翻訳書（文学作品）が何冊かありました。ただし、それは名訳だったからではなく、こんなわかりにくい日本語を読んでいては自分の言語感覚が破壊されると危惧し、その後数年にわたって翻訳小説をまったく読まなかった、そのきっかけとなっ

たからです。30代に翻訳の勉強をはじめたときも、翻訳だから多少読みづらくてもしかたがないのではなく、日本語の作品として読むに値するものをなんとしても書きたい、読者に届けたいという気持ちが強くありました。

　もちろん、翻訳の勉強をしていくなかで、自分で取り組むと傍で見るほど簡単ではないと感じたことはしばしばあったし、範としたすばらしい訳書も数多くありましたが、出発点となったのは、そのような思いです。

(2) フリーランス翻訳者の働き方や心得が学べる本

『翻訳とは何か　職業としての翻訳』（山岡洋一著、日外アソシエーツ）
　翻訳という仕事の本質について、歴史的な背景からいまの市場のきびしさや翻訳者の心構えまでを徹底的に論じた名著。15年以上前に書かれているのに、ほとんどの記述がいま読んでも納得でき、襟を正したくなります。遊び半分ではなく、本気で翻訳という仕事に取り組みたいなら、早い時期に一読することをお勧めします。

(3) 翻訳のスキルアップに役立った本

『翻訳家の書斎〈想像力〉が働く仕事場』（宮脇孝雄著、研究社）
　訳文へのきびしい鑑識眼を養い、誤読や誤訳への自己チェック能力を強化できる本です。誤読や誤訳が起こるさまざまな原因について、ベテラン翻訳者が豊富な実例をもとに解き明かしています。わたしも学習者時代や新人のころに繰り返し読んで勉強させてもらいました。もとは英語学習紙《週刊ＳＴ》に宮脇さんが執筆なさっていた連載コラムを書籍化したもので、同じコラムから作られた姉妹書として『翻訳の基本　素直な訳文の作り方』『続・翻訳の基本　原文どおりに日本語に』『英和翻訳基本事典』（すべて研究社）があります。
【2018年現在、『翻訳家の書斎』はKindle版で入手可能】

(4) 日本語力の向上に役立った本
『日本語の作文技術』（本多勝一著、朝日文庫）

　最初に読んだのは高校生か大学生のときで、以後も何度か読み返しています。題名のとおり、日本語をわかりやすく書くためのバイブルとされている超ロングセラーで、正しい句読点の打ち方や修飾語の配し方などが豊富な具体例をもとに明快に解説されています。鋭い言語感覚が養われるので、英文の構造を見きわめるのが苦手な人にもきっと役に立ちます。そもそも、母国語をまともに書けない人が外国語を正しく読めることなどありえませんから。
【2015年に新版刊行】

(5) 語学力アップにつながった本
『英文解釈教室』（伊藤和夫著、研究社）

　コラム1にも書いたとおり、自分が英文の読み方を身につけたのは、この本と駿台予備学校での伊藤先生の授業によるところが最も大きいです。よく「英文和訳から翻訳へ」と言われますが、現実には、残念ながら翻訳学習者の9割以上が中級程度の英文和訳でつまずいています。その問題を克服するためにいちばん必要なのは、ただの文法書ではなく、英語と日本語の根本的な構造のちがいを分析して、英文の正しい読み方を手ほどきしてくれる指南書です。そういった本は、おそらく大学受験英語の世界にしか存在しません。受験生時代にこの本で勉強した人も、いまやりなおすと大きな発見がいくつもあるはずです。
【2017年に新装版刊行】

第3部

文芸翻訳の現場

1 ｜ リーディングとは

　翻訳の世界でリーディングという場合、それはただ原書を読むことではなく、**海外の本を日本で翻訳出版するかどうかを検討するために、それを読みこんで資料をまとめる作業**です。その資料をシノプシス（またはレジュメ）と呼びます。

　翻訳者や翻訳学習者がシノプシスを書くのは、出版社から依頼される、版権エージェントから依頼される、自主的に書いて出版社や版権エージェントに持ちこむ、などの場合が考えられます。どの場合であれ、**シノプシスは海外の本を翻訳出版するかどうかを決めるための最も重要な資料**なので、その作成は大きな責任をともなう仕事であり、翻訳の仕事そのものに劣らないほどです。

　翻訳学校などでリーディングの講座をおこなっても、面倒に感じる人が多いのか、翻訳そのもののクラスに比べて生徒が集まらないのが実情です。しかし、原書を最後まで読んであらすじをまとめ、なるべく客観的な評価をするというトレーニングは、翻訳の基礎体力をつけるという意味でも文章修業という意味でもきわめて効果的なので、ぜひ定期的に取り組んでください。

　いずれ出版翻訳の仕事をしたいと考えているなら、リーディングの作業を避けて通ることはできません。**上手なシノプシスの書き方を身につけておくと、仕事の機会が格段に増える**ので、早いうちにマスターしてください。

　シノプシスは縦書きにする場合と横書きにする場合があります。かつては縦書きが主流でしたが、最近ではメールでやりとりして、パソコンでそのまま読む編集者なども多く、むしろ横書きが主流となっていると思います。この本はもともと横書きということもあり、シノプシスも横書きで統一し、表記のルールもそれに合わせます。実際の仕事では、依頼者がどちらの形式を望んでいるかを先に確認するといいでしょう。

【シノプシス作成で気をつけるべき点】
　一般にフィクション作品のシノプシスは、**(1) 作品の基本情報 (作者名、ページ数、受賞歴など)**、**(2) あらすじ**、**(3) リーダーによる概評**、の３要素から成り立ちます。そのほかに、登場人物表をつけたり、最初のほうに数行の紹介をつけたりする場合もあります。くわしくはあとに載せた２作の実例を参考にしてください。
　ここではまず、リーディングの作業を進めていく際に注意すべきことを箇条書きでまとめました。

《原書を読みながらメモをとるとき》
・メモをとるかどうか迷ったら、とりあえずメモしておく。あとからいくらでも削れる。
・あらすじのメモをとりながら、同時に登場人物表も作成する。名前がついている登場人物なら、いったん全員メモしておく。
・新しい登場人物には印をつけるなどして、あとで見つけやすいようにする。
・あらすじと直接関係がなくても、物語を理解するうえで重要と思われる情報は必要に応じて別にメモをとっておく（登場人物のプロフィール、物語の特徴がよく表れている個所、感動した個所など）。

《シノプシスを作成するとき》
基本情報
・作品名、作者名、出版社、刊行年、ISBN、ページ数など、どこまでの情報を載せるかに決まりはない。仮題は特につける必要なし。訳出した際の予想枚数 (400 字詰め原稿用紙換算) を書いておくと親切。

あらすじ
・複数視点の場合や、物語の構成に特徴がある場合など、あらすじを読むうえで事前に知っておいたほうがよい点があれば、あらすじの前に記載する。
・事実を客観的に、明確に書く。主観によるよけいな情報はできるだけ加えない。
・完全に時系列どおりに書く必要はないが、入れ替えすぎたり、まとめすぎた

りするのもよくない。
・登場人物表をつけた場合も、なるべく人物表を見返さなくても読み進められるように、本文に情報を補って書く。
・適度に段落を分け、見やすく読みやすい文章を心がける。
・あらすじのなかで伏線はきちんと回収できているか、謎は解決されているかを確認する。

概評
・何人称で語られているか、視点人物についてなど、基本情報は先に書く。
・長所と短所の両面から、客観的に評価する。
・だめなものはだめ、つまらないものはつまらない、と自信を持ってはっきり書く。もちろん、その根拠は明確に。
・同一ジャンルの他作品と比較し、相違点を書くと伝わりやすい。
・日本の読者に受け入れられるかどうか、どんな読者層に向いているかなど、市場を意識して書く。

では、このあとにシノプシスの実例をふたつ紹介します。

1番目は、最終的に『父さんが言いたかったこと』(ロナルド・アンソニー著、新潮社)というタイトルで刊行されたものです。原題は *The Forever Year* ですが、このシノプシスを書いたときはまだ本になる前の原稿で、*The Story* という仮題しかついていませんでした。残念ながら、これは原著、訳書ともすでに絶版になっています。また、著者はその後本名の Lou Aronica に改名しています。

2番目は『チューダー王朝弁護士シャードレイク』(C・J・サンソム著、集英社文庫)で、原題は *Dissoluton*。こちらはシリーズ物の第1作で、第2作『暗き炎』(原題 *Dark Fire*)、第3作『支配者』(原題 *Sovereign*)までが翻訳刊行されました。

2作とも出版社からの依頼で読み、非常におもしろいと思った作品なので、好意的な書き方をしていますが、これまでおこなってきたリーディングの仕事のなかには、つまらないから翻訳出版すべきではないと進言したものもたくさんあります(たぶんそちらのほうが多いでしょう)。なんでも

褒めればよい、というものではないので、どうかそこは勘ちがいしないでください。**つまらないものははっきりつまらないと書くほうが、長い目で見れば依頼者から信頼されます。**

なお、シノプシスはその作品がおもしろいかどうかを検討するための資料ですから、当然ながらあらすじは結末まで書くのがふつうで、いわゆる「ネタバレ」はあります。次ページからのシノプシスを読むにあたって、『父さんが言いたかったこと』と『チューダー王朝弁護士シャードレイク』を未読の人は、その点をご了承ください。

では、つぎの2章でシノプシスの実例を紹介します。『チューダー王朝弁護士シャードレイク』については、そのつぎの章で、生徒の書いたシノプシスの添削例を載せます。

2 | シノプシスを書いてみよう (1)

『父さんが言いたかったこと』シノプシス

【基本情報】

作品名　　*The Story*（のちに *The Forever Year* と改題）
作者　　　Ronald Anthony
A4 版英文原稿 371 ページ。訳出すると 700 枚程度か。

【概要】

　妻に先立たれた 83 歳の老人が、32 歳の末の息子と同居をはじめる。交際中の女性との結婚に踏みきれない息子に、父は若き日にある女性と愛し合った話を打ち明ける。それがきっかけとなって、息子の結婚観や仕事に向かう態度が少しずつ変化していく。

【主要登場人物】

ミッキー・シェンナ　　　元株式仲買人　83 歳
ジェス　　　　　　　　　ミッキーの次男　32 歳　フリーランスの雑誌記者

ドロシー　　　　　　　　ミッキーの死んだ妻　ミッキーより 8 歳年下
テリーサ　　　　　　　　ミッキーの妹　78 歳

ダーリーン　　　　　　　ミッキーの長女　52 歳
マシュー　　　　　　　　ミッキーの長男　50 歳
デニース　　　　　　　　ミッキーの次女　44 歳
ブラッド　　　　　　　　デニースの夫

マリーナ　　　　　　　　ジェスの恋人　小学校の教師
ジーナ　　　　　　　　　ミッキーの若き日の恋人

【あらすじ】

　83歳のミッキー・シェンナはニュージャージー在住のイタリア系2世。50年連れ添った妻ドロシーに1年前に先立たれ、ひとりで暮らしている。ミッキーはある日ぼやを出してしまい、それを機に、4人の子供たちが集まって、父の面倒をこの先どうやって見るべきかを話し合う。年長の3人はケアつき住宅に入れようと主張するが、雑誌のフリー記者である末の息子ジェスは、自分と同居させればいいと言い張り、兄や姉の反対を押しきって、ミッキーとのふたり暮らしをはじめる。

　ジェスは歳の離れた父ミッキーとあまり深くかかわったことがなく、子供のころから兄や姉をうらやましく思っていた。父と心をかよい合わせたくて同居をはじめたが、すぐに新生活に幻滅する。生活習慣のちがいは大きいし、父が何かと些細なことに口出しをしてくるのもうっとうしい。

　ジェスは20代のころに何人かの女性と付き合ったが、若気の至りで、どの相手とも長つづきしなかった。いまの恋人である小学校教師マリーナとは、付き合いはじめて半年になる。これまでで最も深く理解し合った相手であり、相性も最高だと思うが、互いに自由な関係を望んでいるため、結婚しようという話にはならない。ミッキーがマリーナと引き合わせろと言うので、ジェスはしぶしぶ承諾する。

　意外にも、ミッキーとマリーナは意気投合する。マリーナが帰ったあと、ミッキーはジェスに、将来結婚するつもりかどうかを尋ねる。はっきり返事をしないジェスに、ミッキーは不満げな顔を見せる。

　それから数日後、ミッキーはジェスを呼びつけ、大事な話があるから聞けと言う。ジェスの母と出会う前に付き合った女性の話らしい。仕事人間でロマンスのたぐいとは無縁に見えた父が急にそんなことを言いだしたので、ジェスは驚くが、とにかく耳を傾ける。

第3部　文芸翻訳の現場

1947年、マンハッタン。20代後半のミッキーは金融業に転職したばかりで、充実した日々を送っていた。ある日、友人の主催するパーティーで、その妹である大学生ジーナに会い、たちまちその魅力の虜になった。ジーナは美女であるだけでなく、教養も向上心も並はずれていて、マスコミや政治の世界にかかわることをめざしていた。つぎの週末にはじめてデートをしたふたりは、その夜は額にキスしただけで別れた。

　ミッキーはそこまで語ったところで、疲れたからと言って話をやめてしまう。それ以後、数日置きに、父は息子にジーナの話を聞かせるが、なかなか結末にたどり着かない。つぎのデートのあとで唇を重ねたこと、何度か会ったのちにとうとうベッドをともにしたこと、ふたりでヨーロッパへ旅行したこと。そして、婚約指輪を渡したこと。

　父は最終的に母と結婚したわけだから、ジーナとの思い出話がいかに甘美であろうと、行き着く先は見えている。愛し合いながらも、結局連れ添うことのなかったカップルの話を聞かされつづけた数か月のあいだ、ジェスは心のなかで自問自答を繰り返す。マリーナとの関係をどうすべきか。結婚せずによきパートナーでありつづけるとはどういうことなのか。心の迷いに微妙に影響されてか、マリーナとの仲は少しずつ気まずくなっていき、やがて大げんかをして絶交状態になる。

　一方、その期間に、ジェスの仕事は順調に進んでいく。気むずかしいと言われる有名人の取材では、恐れずに自分をさらけだしたのが功を奏して、相手に気に入られ、さらに別の有名人を紹介してもらう。姉の夫が新たに雑誌専門の出版社を立ちあげたときも、相性がぴったりの編集者を紹介することができたし、自分の望む企画も実現しそうだ。取材にも記事の執筆にも、自信を持って望めるようになった。

　ジェスはマリーナと別れたことをミッキーに隠しとおそうとするが、詰問されてとうとう打ち明ける。なぜだと問われたジェスは、父さんのせいだ、結局

別れることになるふたりのくだらない恋の成り行きを延々と語られて、男女の愛というものに幻滅してしまったからだと言い、ミッキーをなじる。ミッキーはさげすむような目で息子を見る。

その夜、ミッキーは脳卒中で倒れて意識不明になる。ミッキーの妹テリーサが病院に現れたとき、ジェスはジーナのことを尋ねてみる。テリーサによると、ジーナは婚約直後に死んだとのことだった。ニューヨーク市長のスタッフに採用され、市のかかえている問題の実情を知るべく、ブロンクスの治安の悪い地区に単身乗りこみ、夫婦げんかを止めようと割ってはいって、刺されてしまったという。ミッキーは数年間立ちなおれなかったが、その傷をジェスの母がゆっくり年月をかけて癒していった。ミッキーは妻を生涯愛しつつも、ジーナのことを忘れてはいなかったのだ。

数日後、ミッキーは息を引きとる。ジェスは、ミッキーが何を伝えようとしていたかを考える。この世には不滅の愛もありうる、だから自信を持て、ということだろう。

ミッキーの死の知らせを聞いたマリーナが、ジェスのもとに現れる。ジェスはマリーナに、堂々と愛を伝える。もはや、心に迷いはない。

【概評】
　第1章が父を視点人物に据えた3人称の語り、第2章が息子による1人称の語り。以下、章ごとに、交互に近い形で視点が入れ替わる。技巧的と言えるのはそのような構成になっていることぐらいで、あとはひたすら直球勝負、タイトルそのままのシンプルな愛の物語だ。そして、シンプルだからこそ、圧倒的なドライブで読ませる。
　あらすじにこみ入った部分はなく、父が語る昔話にしても、大きなひねりや驚愕の結末が用意されているわけではない。にもかかわらず、少なくとも後半については、まちがいなくページターナーだ。それは、脇役まで含めて、ひとりひとりの人物造形がしっかりしているからだ。また、息子による内省的な語

りにも魅力がある。ほんの少しだけ持ってまわった語り口がなんとも心地よい。
　難を言えば、父の告白がはじまるあたり（全体の3分の1ぐらいのところ）までがいささか冗長であることだが、読み進めるうちにそんなことは忘れてしまう。
　下世話な言い方をすれば、「癒し系」の秀作である。これは20歳以上の全世代の男女に受ける可能性を秘めた作品だと思う。読んでいくうち、だれもがどこかで自分の来し方を振り返り、感慨にふけるのではないだろうか。

3 | シノプシスを書いてみよう(2)

『チューダー王朝弁護士シャードレイク』シノプシス

【基本情報】

作品名　　　*Dissolution*
作者　　　　C. J. Sansom
出版年　　　2003年
出版社　　　Macmillan
ページ数443ページ（ペーパーバック版）　訳出すると1,000枚程度。

【概要】

　舞台は1537年のイングランド。修道院がつぎつぎと解散されていくなか、国王の命を受けた監督官が派遣先の修道院で何者かに首を斬り落とされて殺害された。国王の腹心クロムウェルの命を受け、弁護士のシャードレイクが新たな監督官として真相究明に乗り出す。イギリスで大ベストセラーとなった歴史ミステリー、マシュー・シャードレイク・シリーズ第1作。

【おもな登場人物】

マシュー・シャードレイク	弁護士、監督官
マーク・ポア	シャードレイクの助手
トマス・クロムウェル	宗務長官
ロビン・シングルトン	前監督官
ギルバート・コピンジャー	治安判事
フェビアン	修道院長
モーティマス	副院長
ゲイブリエル	聖具係兼聖歌隊長
エドウィグ	出納係
ガイ	施療係
アリス・フューテラー	施療係助手

オーファン	元施療係助手
サイモン・ウェルプレイ	修道士見習い
ジェローム	カルトゥジオ会修道士
マーク・スミートン	宮廷楽士

【あらすじ】(全編を通して主人公シャードレイクの一人称で語られる)

　1537年のイングランドでは、ヘンリー8世の治下、宗教改革の一環として多くの修道院が解散させられていた。そんななか、スカーンシアの聖ドナトゥス大修道院へ明け渡し交渉のために派遣されていた監督官のシングルトンが殺害された。改革派の弁護士シャードレイクは、王の腹心クロムウェルから、殺人事件の解明と明け渡し交渉の続行を命じられ、同居する青年マークを助手としてともなって、修道院へ赴く。

　シングルトンは、院の厨房で首を斬り落とされた死体となって、早朝に発見されていた。同じころ、首を掻き切られた鶏の死骸が聖堂の祭壇に置かれ、「改悛した盗人の手」と呼ばれる聖遺物がなくなっていた。

　シングルトンがその修道院を訪れた真の目的を知っていたのは、5人の幹部修道士——院長のフェビアン、副院長のモーティマス、聖具係兼聖歌隊長のゲイブリエル、出納係のエドウィグ、施療係のガイ——だけだった。修道士たちは外部の犯行だと口をそろえたが、殺害現場となった厨房でシングルトンがだれかと待ち合わせていたことや、そこは夜間は施錠されていることなどから、内部の犯行の可能性が高かった。

　調査のあいだ、シャードレイクとマークは、施療係のガイの世話を受けることになった。ガイのもとで助手として働いているアリスのしっかりとした気性にシャードレイクは好感をいだくが、マークも同じ気持ちのようだった。若く見た目のよいマークに、シャードレイクはほのかな嫉妬を覚える。

　見習い修道士のウェルプレイが、モーティマスによるきびしい懲罰を受けた

すえに昏倒した。うわごとで、以前にもこの修道院で人が殺されたと言い残し、発作を起こして絶命する。ガイによる見聞の結果、何者かに毒殺されたことがわかった。犯行の機会があったのは、例の5人の幹部修道士だった。

　シャードレイクはスカーンシアの町へ出かけて、治安判事から話を聞く。修道院所有の土地がひそかに安価で売却されているという噂があるが、証拠はつかめていないという。また、かつて修道院の施療係の助手をしていた、町の救貧院出身のオーファンという娘が2年前に行方不明になり、修道院から金杯を盗んで逃げたとされていることを知った。

　修道院へもどったシャードレイクは、シングルトンを公然と罵ったというカルトゥジオ修道会の老修道士ジェロームと話をする。亡きジェーン王妃の遠縁にあたる人物だったが、その奇妙な言動から正気を失っているとされていた。ジェロームは、かつて拷問で王への忠誠を誓わされ、その際に目の前で指示を出していたのはクロムウェルだったと語る。そして、そのとき隣の監房にいたマーク・スミートンという青年もまた、拷問によって当時の王妃アン・ブーリンの愛人であると虚偽の自白をさせられて処刑された、とも言った。シャードレイクはクロムウェルへの忠誠心からこの話を信じようとしなかったが、助手のマークは欺瞞に満ちた宗教改革にいっそう不信の念を強めていった。

　池の捜索をしたところ、立派な剣と、ゲイブリエルの修道服、そしてかなり前に遺棄されたらしい若い女の死体が見つかった。首の骨を折られていた。コピンジャー判事の話にあったオーファンだと思われたが、実際には行方をくらませたのではなく、何者かに殺されていたことになる。

　ゲイブリエルの修道服は、シングルトンが殺される数日前に洗濯場から盗まれたものだった。また、生前ウェルプレイとオーファンは親しく、オーファンは何人かの修道士から言い寄られて困っているとウェルプレイに相談していたことがわかった。その修道士のなかにはモーティマスとエドウィグも含まれていた。

シャードレイクはアリスから、シングルトンが入手していたという裏帳簿の存在を知らされていたため、エドウィグの執務室へ忍びこんでそれを手に入れた。たしかに、秘密裏に土地が売却されていた。シングルトンがこの事実を嗅ぎつけていたのなら、エドウィグが殺害した動機にはなるが、事件当夜のエドウィグは院を離れていて、アリバイがあった。

　シャードレイクとマークは、調査の過程で、自分たちの部屋から厨房へつづく古い通路を発見する。最近作られたのぞき穴にあった痕跡から、同性愛者であるゲイブリエルが潜入していたと考えられた。聖堂でゲイブリエルを問いつめると、のぞきは認めたものの、一連の殺人については無実だと訴えた。その直後、シャードレイクの頭上から聖像が落下し、とっさにかばったゲイブリエルはその下敷きになって即死する。シャードレイクとマークは犯人らしき人影を追うが、逃げられてしまう。

　シャードレイクはクロムウェルに事態の変化を報告するため、そして池で見つかった剣を作った人物を突き止めるために、マークを残して単身ロンドンへ帰る。調べたところ、剣の作者はアン・ブーリンの愛人として処刑された宮廷楽士マーク・スミートンの父親だった。しかし、その父親はすでに病死していた。

　クロムウェルに調査の経過を報告すると、クロムウェルは、スミートンとアン・ブーリンの愛人関係は仕立てあげられたもので、それをシングルトンに命じたのは自分だと悪びれもせず認めた。ジェロームの話は真実だったことになる。シングルトン殺害はスミートンの縁者による仇討ちなのだろうか。シャードレイクは突然事件の真相に思いあたり、処刑前夜にスミートンに面会した人物についてロンドン塔へ問い合わせた。

　修道院へもどると、ジェロームが行方不明になっていた。そして、ロンドン塔の看守から面会人の特徴を記した手紙が届く。その人物の風貌はアリスそのものだった。シャードレイクはアリスに、彼女こそがシングルトンを殺した犯

人だと告げる。アリスはスミートンの従妹で、恋人だった。母親が引きとった剣でシングルトンを処刑することによって、愛する人の仇を討ったのだった。アリスは情報提供者を装ってシングルトンを厨房に呼び出したあと、盗んだ修道服をまとって犯行に及んだ。鍵がなくても厨房へはいれる通路の存在は知っていたし、剣の使い方はスミートンの父親から手ほどきを受けていたという。首をはねた鶏を祭壇に置いたのは捜査を攪乱するためだった。

アリスの告白を聞いているところへ、背後からナイフを突きつけられた。以前からアリスと恋仲になっていたマークがそこにいた。すでにアリスから真相を打ち明けられていたマークは、ふたりで国外へ逃げるつもりでいた。シャードレイクは、エドウィグこそがほかの3人を殺した犯人だと告げ、捕らえるのに力を貸してくれと説得を試みる。だが、ふたりはシャードレイクを戸棚に閉じこめ、この悪天候のなかで沼地を渡るのは無謀だという制止も振りきって出ていった。

朝になり、ガイに発見されると、シャードレイクは一部始終を語った。おそらくエドウィグは、オーファンに言い寄ってもなびかないことに逆上して殺害し、そのいきさつを知っていたウェルプレイの口を封じたうえ、核心に近づきつつあったシャードレイク自身をも殺そうとしたのだろう。不当な土地売却によって貯めこんだ金を持って、逃亡するつもりでいるにちがいない。

マークとアリスを探して沼地へ行くと、ふたりぶんの足跡が雪解け水のあふれる一帯へと消えていて、ふたりが生きて沼地を渡れたとはとうてい思えなかった。そのころ聖堂では、「改悛した盗人の手」とともに身を隠していたジェロームが発見された。聖遺物は盗まれたのではなく、国王の手から守ろうと、事件当夜の混乱に乗じてジェロームが隠していたのだった。頭上から金貨が落ちてきて、シャードレイクはエドウィグを見つける。鐘楼の修復作業をする吊りかごのなかに金を隠していたらしい。3人の殺害について認めたエドウィグは逃亡を図るが、シャードレイクと格闘のすえ、鐘楼から落下して命を落とす。

3か月後。すでに修道院は閉鎖され、土地は国に没収されていた。撤去作業を監督するためにこの地にもどったシャードレイクは、ガイと再会した。ガイはシャードレイクに一通の手紙を見せた。フランスでマークと結婚したというアリスからの手紙だった。

【概評】
　イギリスの作家C・J・サンソムのデビュー作であり、シャードレイク・シリーズの第1作でもある本書は、16世紀のイングランドを舞台にした歴史ミステリーである。2003年のCWA（英国推理作家協会）ジョン・クリーシー・ダガー（新人賞）、およびCWAエリス・ピーターズ・ヒストリカル・ダガー（最もすぐれた歴史ミステリーに贈られる賞）両賞の候補作に選ばれた。
　ヘンリー8世が教皇からの独立を宣言した英国宗教史における大きな転換期の出来事が、トマス・クロムウェルやマーク・スミートンなど歴史上の人物を登場させながら、架空の主人公の1人称1視点で語られていく。同じ修道院物のミステリーと比べるなら、ウンベルト・エーコの『薔薇の名前』ほど哲学的、思想的な色合いは強くはないが、エリス・ピーターズのカドフェル・シリーズよりはいくらか重厚と言えるだろう。
　ミステリーとしては、そこかしこにていねいに配された伏線が最後にしっかりと回収され、手堅くまとめられている印象を受ける。エドウィグを犯人だと推理した根拠の弱さなど、詰めの甘さも感じられるものの、ばらばらのように思えた手がかりが、犯人がふたりいるという種明かしによって解明されていくところは読んでいて心地よい。
　そして、本書のいちばんの魅力は、時代に翻弄される人々が活写されているところだろう。とりわけ主人公の造形が秀逸で、反体制の英雄などのわざとらしい大仰さはなく、マークへの嫉妬心に苛まれたり、盲信していた改革の正義がしだいに揺らいでとまどうところなど、歴史の奔流に揉まれる等身大の人間として描かれている点が興味深い。また、5人の幹部修道士をはじめ、末端の登場人物までがしっかりと書き分けられている。それぞれが社会や信仰に対する考えをはっきりと表明しているため、宗教改革がさまざまな立場の人間にどんな影響を及ぼしたのかを、読者はいろいろな角度から考えることができる。

当時の思想、文化、風俗などを垣間見ることができるのもおもしろい。スカーンシアで暮らす人々の貧しさ、シャードレイクの障碍やガイの肌の色への差別と偏見、ゲイブリエルのひそかな欲望、マーク・スミートンやジェロームへの拷問など、抑圧の時代を象徴するひとつひとつの要素が人間の生と本能のあり方を赤裸々に浮かびあがらせている。

　惜しむらくは、物語全体にわたってさほど緩急がなく、エンタテインメント性を重視する読者を結末まで牽引する力がいくらか不足しているところだろうか。また、歴史ミステリーに付き物の問題ではあるが、時代的な背景に関して日本人読者には少々わかりづらいところがあるかもしれないので、あとがきなどで補足する必要があるだろう。

　著者のＣ・Ｊ・サンソムは、大学で歴史を学んだのち、いくつかの職を経て事務弁護士となり、のちに作家に転身した。著作は、ノンシリーズの *Winter in Madrid*, *Dominion* 以外はすべてシャードレイク・シリーズで、本作以降も *Dark Fire*（2005年ＣＷＡエリス・ピーターズ・ヒストリカル・ダガー賞受賞）、*Sovereign*, *Revelation*, *Heartstone*, *Lamentation* とつづいている。

4 | 生徒によるシノプシス添削例

以下に、生徒が書いたシノプシスを添削したものを示します。

生徒作

作品名　Dissolution

著者　C. J. Sansom

〈概要〉　　〔うまくまとまっている〕

16世紀前半のイングランドを舞台としたミステリー。弁護士シャードレイクは、国王代理クロムウェル卿の命を受け、元同僚の惨殺事件を調査していくうちに、世間と隔絶された修道院の秘密を知ることになる。そして発生する第二、第三の殺人。カトリックを信奉し、国王至上法に反対する修道士の抵抗か？殺人の動機に、宗教改革に揺れ動く当時の社会が複雑にからみあっていく。　〔口（スペース）〕

〈主要登場人物〉

マシュー・シャードレイク	弁護士	30代後半 〔35歳〕
マーク・ポエル 〔ポア（ー）〕	シャードレイクの助手	
クロムウェル卿	ヘンリー8世を補佐する国王代理及び総主教代理	
ファビアン修道院長	サセックス郡スカーンシーの聖ドナトゥス修道院の院長　〔辞書にあるが、適語？〕	
エドウィグ修道士	経理担当　〔こちらが主〕	
ガブリエル修道士	式典及び先唱担当。教会の修繕及び装飾も担当する。	

ガイ修道士	医療保険担当。薬剤師の資格を有する。ムーア人
ヒュー修道士	侍従長。修道院の家事を切り盛りする。
ジュード修道士	支払担当。請求書、修道士、召使の労賃等の支払いを行う。
モルティマス修道士	修道院副院長。修道見習の管理監督を担当。スコットランド人。
アリス・ヒューテラー	ガイ修道士の助手。看護士
ジェローム修道士	カルトゥジオ修道会修道士
ロビン・シングルトン	弁護士　修道院の調査を命じられたクロムウェルの使者
ローレンス・グッドハップス	シングルトンの補佐。教会法弁護士
コピンジャー（保安官）	スカーンシーの保安官

〈あらすじ〉

　1537年、ヘンリー8世治世下のイングランドで、カトリックと決別し、国王を宗教上のトップとする国王至上法が施行され、クロムウェルによる執政が行われていた。ローマ法王のもと腐敗堕落した修道院は解散に追い込まれ、その所領は国王の財産として没収されようとしていた。

　ジェーン王妃が亡くなった2週間後のこと、シャードレイクは、若い頃から共に法学を専攻し、以前にも協力してきたクロムウェル卿から、ウエストミンスター宮殿に呼び出された。改革の未来がかかった難事件を解決せよ、という命令だった。スカーンシー修道院の調査のため、クロムウェルが送った使者が

頭部を切断された死体となって発見されたというのである。クロムウェルは、修道院の自発的解散を進めており、本件を極秘裏に調査、終結する(させ)ことを命じた。

【この2段落、本筋に関係ないので、ほとんど不要】

あくる日、シャードレイクは、弟分のマークを連れて、スカンシーへ出発した。父親の牧場夫の息子で、ロンドンでの就職を世話して以来の付き合いだ。二日もあれば着くが、イギリス国王の政策に反対する修道士たちの反乱もあった、危険な旅だ。シャードレイクは、亀背のために修道士になれないと悟った頃を思い出す。そのうちに、灰色の海を臨んで流れ込む河と広大な沼地が見え、手前に小さな町と1マイルほど離れた修道院が見えてきた。雪が降り始めていた。

修道院は、大聖堂ほど巨大な教会と高い壁に囲まれていた。奥行300フィートはあり、100フィートほどの二つの塔を持つ。その左に居住地、作業所、ビール醸造所などが立つ。中庭は、商人や召使たちが話をしている。右側には修道士宿舎、薬草園と衛生所があった。かつては栄えた修道院も、現在は、30人の修道士と60人に満たない召使たちがいるにすぎない。

【横書きの場合、左寄せでもかまわないが、他段落と統一すべき】

モルティマス副院長に案内されたシャードレイクとマークは、一人だけ白い修道服を身に付けたジェローム修道士と出会う。ジェロームは、「剣をとったものは剣によって死すことを知れ」と言い残して消えた。クロムウェルの命令で処刑された(解散させられ)ロンドンのカルトゥジオ修道会の生き残りであった。

シャードレイクは、恐怖に憔悴しきったシングルトンの補佐約(役)グッドハップスに会い、噂ほど修道院に腐敗はなく、【不要】あせったシングルトンは事件の直前に会計帳簿を見ていたこと、事件の起きた午前5時前に誰かに会うことになってい

たらしいこと、事件の起きた厨房は鍵がかけられていたことを知る。厨房の鍵をもっているのは、修道院長、副院長、ガイ修道士、門番の4人だけだ。

シャードレイクは、第一発見者のガイ修道士に会い、衛生所の部屋に宿泊することにする。その夜、死体を検分し、犯人は中背で、凶器は刀剣と推測する。その切り口は、元王妃アン・ブーリンの処刑を想起させるものだった。その夜、修道士たちと夕食をともにしたシャードレイクは、エドウィグ修道士とガブリエル修道士が教会の補修をめぐってもめていることを知る。シングルトンの調査のおさらいを申し出ると、エドウィグ顔が曇った。

（意味不明）　の　て

シャードレイクは聞き込みを続け、副院長から厳しい体罰を受け衰弱した修道士見習のサイモンから「シングルトン殺しは、ここで起きた最初の殺人ではない」、「彼女に警告していたのに」という謎の言葉を聞く。厨房主任、門番への聞き込みからは、外部からの侵入の可能性はないが、ガブリエルから、沼地から河へ通じる畔道の存在、最近沼地に灯りをみたこと、夜盗が再び活発になっているらしいことを知る。そして、池で黄色く輝く物が沈んでいるのを見つける。

と感じられた　の話

（意味があいまい「錯乱状態に陥って」など。）

その夜、サイモンは、突然狂ったように死ぬ。解剖の結果、サイモンは毒死だったことが判明した。サイモンを訪ねたのはガブリエル修道士、修道院長、財務部長、副院長の4名。サイモンは口封じをされたのだろうか。

（エドウィグのこと。登場人物表とちがう）　（説明不足）　（初出。説明がないと唐突）

マークはアリスの生い立ちと修道院へ来た経緯を聞き出す。アリスは、来た当初、副院長から嫌がらせを受けていたらしい。アリスとの会話で、シャードレイクは、シングルトンは青の表紙の会計帳簿を見ていたことを知る。翌朝、

第3部　文芸翻訳の現場

部屋で人の気配を感じるマーク。その後、二人は町の保安官を訪ね、2年前、修道院で働いていた一人の女性が行方不明になっていることを知る。

シャードレイクは、ジェロームを尋問し、ジェロームがクロムウェル卿の前で拷問を受けたこと、国王の優位性を誓わせられたことを知るが、改革を信奉するシャードレイクには信じられない。その牢には、アン王妃と寝たとされる宮廷音楽師マーク・スミートンがいて、同じように無実の罪を着せられて処刑されたという。

シャードレイクは、マークとアリスがお互いに惹かれあっているのを知り、嫉妬を覚え、アリスに惹かれている自分に気づく。その後、マークと池の探索に出かけ、刀剣を引き揚げると同時に、女性と思しき死体と黒い修道士服を泥の中に発見する。服には、式典担当のバッジがついていた。女性は、2年前に行方不明となった、サイモンが警告した最初の殺人の犠牲者だろう。刀剣には、JS1507の刻印がされていた。

院長によれば、当時女性に関わっていたのは、ルーク修道士、エドウィグ修道士、副院長だった。死体は、首の骨を折られていた。シャードレイクは、捨てられた修道士服の持主であるガブリエルのもとへ急ぐと、2週間前に洗濯場で盗まれたものだという。

シャードレイクは、その後、エドウィグの部屋を探って、シングルトンが見たと思われる青の表紙の会計帳簿を見つける。そこには、修道院の会計帳簿に載っていない、4件の不動産取引らしき記述があった。その取引代金はどこへ消えたのか。湿地帯に光る二つの明かりを見た。

【同じ主語がつづくので適宜省略】
シャードレイクはアリスとともに湿地帯を探ることにした。道すがら、シャードレイクはアリスに、マークはこの仕事が終わったらロンドンで復職するのでこれ以上近づいてはならないと諭した。シャードレイクは、刀剣の制作者をつきとめるためロンドンへ行くことにした。部屋に戻ると、マークが食器棚に閉じ込められていた。食器棚の中には、覗き穴があり、その奥には秘密の通路があり、保護房に通じていた。さらに厨房までつながっていた。この秘密の通路が厨房へ通じているということは、シングルトンの殺害に使われた可能性がある。この通路の存在を知っているのは、ガイ、副院長、エドウィグ、ガブリエル、ジュード、ヒューだ。【初出、唐突】

【をかばって】 【ある痕跡から】 【死んだことを明記すべき】
シャードレイクは、ガブリエルが通路を使っていたと判断し、教会へ行き、再び尋問した。そのとき、突然、上から彫刻が落下して、ガブリエルはシャードレイクの身代わりに下敷きとなった。マークが教会の上に人がいるのを発見した。上へ昇る階段は二つしかない。教会の上階までそれぞれ昇っていったが誰もいない。そのとき、シャードレイクは、3つだった彫刻が4つになっていたことに気づく。一つは修道服を着た生身の人間だったのだ。気づいたときはすでに遅く、犯人は階下へ走り去っていた。犯人は、シャードレイクを待ち伏せしていたのか、それとも別の用事があったのか？【追いかけたが取り逃がしたことがわかればいいのでもっと簡潔に】

シャードレイクは、刀剣の制作者を特定し、クロムウェルに真実を確かめるために、ロンドンへと向かった。ロンドンに着いたシャードレイクは、クロムウェルの面会を取り付けると、ロンドン塔の武器担当を訪ね、刀剣の制作者がジョン・スミートン、【つまり】アン王妃の愛人であったマーク・スミートンの父親だったことを知る。クロムウェルは、アン王妃の処刑に纏わる謀について語り始め
【実際には愛人ではないので「愛人として処刑された」など】

第3部 文芸翻訳の現場

る。シングルトンは、マーク・スミートンを尋問し自白に至らせた張本人だった。ジェロームの話は真実だった。

ジョン・スミートンは、マークの死後すぐに亡くなった。その遺産として刀剣を引き継いだ者は誰か。シャードレイクは、スミートンの家を老女が尋ねたことを知る。シャードレイクは、犯人とその動機を悟る。そして、ロンドン塔に戻り、マーク・スミートンに面会した者の特徴を報告するように依頼して、スカーンシーへ戻った。

修道院に戻ると、院長を通じて、修道院は解散しないという噂を広める。誰かが動き出すはずだ。シャードレイクは、そのとき、教会の修繕再開を頑なに拒み、逆上したエドウィグ修道士を保護室へ入れるよう命じた。

ロンドンからの使者がきた。シングルトンを殺害したのは彼女だった。アリスの母親の旧姓はスミートンで、マーク・スミートンはいとこであり、恋人だった。刀剣を相続したのは母親で、母親の死後、アリスが保有していた。情報提供者を装ってシングルトンをおびき出し、秘密の回廊を通って厨房へ行ったのだ。アリスの告白を聞いていたシャードレイクの背後から誰か襲う。助手のマークだ。マークは、シャードレイクがロンドンへ行っている間に、アリスの告白を聞き、今夜二人で河から出るフランス行きの密輸船で逃げるつもりだったという。しかし、その船は、エドウィグが逃走用に用意したものだった。シャードレイクは、二人にベッドに縛り付けられ、二人は、雪が解け始めた湿地帯へと向かった。

ガイに助けられたシャードレイクは、湿地帯へと向かうが、そこは湖のよう

になっていた。水には二人が持っていたランプが浮かんでいた。その後、ジェ
ロームを発見したシャードレイクは、シングルトンの殺害時に教会の遺物を盗
んだのは、ジェロームだったことを知る。そして、教会の鐘楼に潜むエドウィ
グを発見する。2年前に女性を殺し、サイモンに毒を盛り、ガブリエルに彫刻
を落としたのは、エドウィグだった。教会の鐘楼に金塊を隠したエドウィグ
は、シャードレイクとの格闘の後、逮捕される。

※手書き注記：「行方不明になったことが書かれていないので、唐突」「理由は？」「それぞれの動機は？」「トル」「鐘楼から落ちて死ぬ」「エピローグ（マークとアリスの後日談）も必要」

〈概評〉 ※手書き注記：「ヘンリー8世の時代やアン・ブーリンにまつわる話に人気があることにも言及したい」

　全体を通じて、主人公である弁護士の一人称で物語は進む。主人公と助手の
二人組は、探偵小説の定番だが、助手が主人公の言いなりにならず、最後は犯
人と逃亡してしまうところは、おやっと思わせる。

　舞台設定が秀逸だ。修道院を舞台とした小説は他にもあるが、本書は、16
世紀のロンドンという歴史的にもイギリスの大きな転換期に当たり、宗教的に
も社会風俗的にも混沌とした時代を選んだことで、歴史小説、宗教論としても
成功している。歴史的事実や実在の人物、事件を殺人の動機や登場人物の思想・
生い立ちにからめており、歴史好きにはたまらない。また、本筋とは別に、当
時のロンドンの社会や生活の変化（例えば、街頭往来の様子や印刷技術普及の
影響、ブルジョア層の台頭など）を効果的に織り交ぜており、目に浮かぶよう
に詳しく描写されている。

※手書き注記：「あいまい。もっと具体的に」「類似作品（『薔薇の名前』や修道士カドフェルシリーズなど）との比較がほしい」「シャードレイクのロマンスと勘ちがいされそう。『主要登場人物』など」

　難を言えば、探偵小説としては平凡であることだ。容疑者の情報や動機の候
補は数々集められていくが、一向に絞り込まれることなく、探偵小説らしい謎
解きの醍醐味は味わえない。だが、主人公のロマンスや教会での犯人追走場面
など、映像化も意識されており、歴史的エンターテイメントと思えば、一級品
に近いと言っていいだろう。

※手書き注記：「対極に近い印象なので、読み手が評価に迷う」

第3部　文芸翻訳の現場

5｜企画持ちこみについて

　こういう仕事をしていると、年に1, 2度ぐらいは、ほとんど面識のない人から翻訳書の持ちこみ企画についての相談や質問を受けます。親戚や友人の知り合いだったり、一般向けの講演会のあとだったり、ケースはさまざまです。どのようにして持ちこめばよいかという質問であれば、それなりにお答えはできるのですが、困るのはどこかよい出版社を紹介してくれないかという場合で、そちらのほうがやや多いというのが実情です。

　わたしは20年近く翻訳学校や各種講座・勉強会などで教えてきましたが、出版社を紹介するのは、何十人かの生徒のうちごくひと握りの、非常に優秀で熱意も並々ならぬ人だけです。紹介できるのはせいぜい数年にひとりぐらいで、実際に訳書が出てその後も継続的に仕事をしているのはその半分程度でしかありません。せっかくみんな長く勉強してきたのだから、もっと紹介したい気持ちもありますが、フィクション翻訳の世界の現状を考えたら、残念ですがやむをえません。

　ですから、はじめて会った人からいきなり紹介してくれと頼まれても、ご期待に副えるはずがないのですが、そういうことを言ってくる人にかぎって、なんの調査もしていない場合がほとんどです。

　しかし、一度だけ、そういうのとはまったくちがったケースが何年か前にありました。そのかたは知人からの紹介で、医学関係の専門書と一般書の中間ぐらいの本を持ちこみたいということでしたが、業界事情をくわしく調査なさったことが読みとれる丁重なメールとともに、簡潔でわかりやすいシノプシスと企画書が送られてきました。

　企画書はA4用紙2枚程度で、だいたいつぎのことが書かれていました。

・本の特徴
・どのような賞にノミネートされたか
・他のどこの国で翻訳され、どのような反響があったか
・読者対象として考えられる層とその理由
・予定売り上げ数

・内容や形式のどういうところが斬新で、日本人にとって何が珍しく、どういう点が受けると思われるか
・著者と訳者のプロフィール
・すでに原著の出版社に問い合わせ、日本での版権があいているのを確認済みであること

これはいつものケースとはまったくちがうと感じたので、わたしは以下のように返信しました（省略や内容の微調整あり）。

（前略）
　翻訳企画の持ちこみの相談というのは、わたしも年に何回か受けるのですが、一般論としては、みなさんが想像なさっているよりもはるかにむずかしいというのが実情です。出版社と長年付き合いのあるわれわれがやって、何十回かに１回企画が通るかどうかという感じで、わたし自身もいままでに数回しか成功していません。
　ふだんよく受ける相談というのは、正直言って、あまりにも勉強不足のものが多いのですが、今回の企画書にざっと目を通させてもらったかぎり、押さえるべきところはしっかり押さえていらっしゃるので、安心しました。
　わたしが気になったのは、以下の２点です。

・すでに翻訳は終えていらっしゃるのでしょうか。あるいは、一部の試訳を企画書とセットにして売りこんでいるのでしょうか。もし試訳をつけていないなら、つけることをお勧めします。
・企画書に「予定売り上げ数　××部以上」とありますが、これは何を根拠としてそう書いていらっしゃるのでしょうか？　それを明確に書いたほうがいいと思います。具体的な根拠を書かなければむしろ逆効果です。

　わたし自身は小説の翻訳者で、そちら方面の出版社・編集者以外はほとんど知らないので、申しわけありませんが出版社を紹介するような形ではお力にはなれません。ただ、これまでなさってきたアプローチのしかたは

申し分ないと思います。この企画にぴったりの出版社が見つかることを祈っています。

　（後略）

　その後、お礼のメールをいただいたあと、そのかたから特にご連絡はなかったのですが、1年余りしたころ、適切と思われる版元から刊行された訳書が送られてきました。おそらく、その後もあれこれご苦労なさったうえで出版にこぎ着けたのでしょう。わたし自身はなんのお役にも立てませんでしたが、とてもうれしく思いました。

　このように、実績のない人が企画を持ちこむのは簡単なことではありません。
　その一方で、何年か前、YA（ヤングアダルト）小説の翻訳の第一人者である金原瑞人さんがインタビューに答えていらっしゃる記事を読んだとき、とても驚きました。金原さんはすでに何百冊もの訳書を出していらっしゃいますが、半分ぐらいはみずから持ちこんだ企画だとおっしゃっているのです。
　最初は信じられませんでしたが、記事を読んでいくと、なるほど、とうなずくことばかりでした。書いてあったことの要点をまとめると、以下のようになります。

- YAというジャンルについて、日本ではまだほとんど知られていなかったころ、イギリスやアメリカではいい本がたくさん出ていたので、自分はどんどん読んでいた。だから、日本の出版社がYAに少し興味を示しはじめたころに、どんな作家のどんな作品があって、欧米ではどれが人気がある、というようなことをアドバイスできた。
- 自分がいいと思ったらなんでも持ちこめばいいわけではない。編集者の好みを見きわめて、興味を持ってくれそうな人のところへ持っていく。編集者を説得するときには、そのジャンルについて自分がどのくらい知っているかが大きい。そのためには、訳書も未訳の原書もたくさん読み、日本の出版状況も把握している必要がある。たとえば、「2年前にこういう本が出て、日本

で反響があった。この本はそれに似ているけれども、こういうところが新しい。だから読者が見こめそうだ」といった話が編集者とできなくてはならない。

つまり、**海外作品の紹介者として、編集者や出版社のアドバイザーになれるぐらいの知識や鑑識眼を持つべきだということでしょう**。点や線で攻めるのではなく、面で攻めていく気概が必要と言ってもいいかもしれません。金原さんの域にまでいきなり達するのはむずかしいにせよ、翻訳学習者がこれからどんな勉強をしていけばよいかの指針は、ここにはっきり示されていると思います。

もちろん自分の企画がそのまま採用されるのがベストですが、わたしの場合は、持ちこみをつづけたりどんな作品が好きかを編集者に言いつづけたりすることによって、仮にその企画自体が成功しなかったにしても、自分の好みの作品を出版社からまかされる可能性が高まる、というつもりできょうまでやってきました。

たとえば、駆け出しの当時は多くの編集者を知っているわけではなかったので、興味を持ってくれそうな人を見つけることはむずかしかったのですが、それでも何人かには企画を持ちこんだり好みを伝えたりしています。そのころ推していた作品は結局刊行されませんでしたが、直後に類似の作品の仕事がまわってきたり、編集者が他社へ移籍したときに自分の好みの作品をまわしてくれたりという例はいくつもあり、そうやって何年かかけて仕事の幅をひろげてきました。《このミステリーがすごい！》2003年版で海外編の1位となった『飛蝗の農場』は、わたしが東京創元社の編集者に、時空が激しく入れ替わる変てこなミステリー作品を持ちこんでいたとき、編集者が「それと似ていて、もっと変てこなやつがあるんですけど、そっちを訳してみませんか」と言って勧めてくれた作品です。

翻訳技術を磨くことはもちろん大事で、その土台をおろそかにはできないのですが、受け身の勉強をするだけでただ待っている人のところに仕事が来ることがきわめてむずかしい時代であることはたしかです。求められ

ているのは、**出版社といっしょにおもしろい作品を見つけ、その魅力をいっしょに伝えていける**翻訳者です。しかし、考えてみれば、おもしろいと思うものを自分の手で全力で紹介できるのですから、こんなに充実した仕事はなかなかありません。

6｜あとがきについて

　2011年にエラリー・クイーンのドルリー・レーン4部作完結編『レーン最後の事件』を訳したとき、〈ＳＲの会〉がこの作品のあとがきを「解説・あとがき賞」に選んでくれました。筋金入りのミステリー読みの人たちが集まる会がそのように評価してくださったことは大変光栄であり、長年この仕事をしてきたなかで最もうれしいことのひとつです。会員のかたから会報の《ＳＲマンスリー》をお借りして読んだところ、解説・あとがき賞のコメントには「角川文庫でレーン四部作新訳という重責を果たした訳者の、思い入れたっぷりのあとがきは滂沱の涙を禁じえません」とありました。10代のころから大好きで何度も読み返してきたシリーズの新訳を担当させてもらったうえに、そのように言っていただけるのは、まさに翻訳者冥利に尽きるのひとことでした。

　あとがきを書くには、日ごろの翻訳作業とはちがった脳の働きが必要なので、翻訳者としては骨の折れる仕事である反面、何か月も付き合ってきた作品についての総括ができる貴重な（たいていの場合、唯一の）機会ですから、わたし自身はけっこう楽しみにしています。それでも、作品によって、一気にことばが流れ出るときもあれば、なかなか筆が進まないときもあります。進まない場合は、**最低限必要と思われることをまず洗い出し、箇条書きのように要点を記したうえで、徐々に肉づけしていきます。**

　あとがきで必要なのは、以下のようなことです（順不同で、すべて網羅していなくてもかまいません）。

(1)　作者はどのような経歴の人物で、これまでどんな作品を書いてきたのか
(2)　これはその作家の何作目で、これまでは日本語訳が出ているのか
(3)　この作品にはどんな特徴があるのか
(4)　この作品のいちばんの読みどころはどこか
(5)　この作品をどんな人にどんなふうに読んでもらいたいか
(6)　同じようなジャンルやテーマの作品にはどんなものがあるのか
(7)　作中で描かれている世界の背景知識

(8) その他、ちょっとした豆知識やこぼれ話
(9) 訳者としてこの機会に付記したいこと
(10) 作者の次回作や今後の動向など

　こういったことを少しずつ書き出していくうちに、どういう順序で組み立てていけばいいかが、なんとなく頭に浮かんできます。本の主役は作品自体ですから、その作品と周辺についての情報が行き届いていれば、読者はおのずと同じ作者や同一ジャンルの別作品を手にとりたくなるはずです。もちろん、非常に個性的で楽しいあとがきをお書きになる訳者のかたも多くいらっしゃり、そういうあとがきには心躍りますが、淡々と事実を書き連ねて必要なツボを押さえている感じの簡潔なあとがきも、わたしは同じくらい好きです。
　あえて言えば、**「書き出しか締めくくり、少なくともどちらか一方ではちょっと変わったことを書く」**ことは、いつも心がけています。読む人の印象に少しでも残るためには、そうしたほうがいいという判断からです。
　例として、2017年に刊行された『ダイアローグ』（ロバート・マッキー著、フィルムアート社）のあとがき全文をここに載せます。これはフィクション作品ではありませんが、要領はほとんど変わりません。各段落の最後に、上の10項目のどれに該当するかを番号で示します。

――――――

　ロバート・マッキーは1941年生まれのアメリカ人で、世界で最も注目されているシナリオ講師と言っても差し支えがないだろう。マッキーは30年にわたって世界各国でライティングのセミナーを精力的に開催し、数々の脚本家、小説家、劇作家、詩人、ドキュメンタリー作家、プロデューサー、演出家などを養成してきた。受講生のなかには、アカデミー賞受賞者60人、エミー賞受賞者200人などなど、想像を絶するほどの数の著名な面々が並んでいる。――(1)
　ほんの一部だが、例をあげると、ピーター・ジャクソン（『ロード・オ

ブ・ザ・リング』『ホビット』など監督・脚本)、ポール・ハギス(『ミリオンダラー・ベイビー』脚本、『クラッシュ』監督・脚本など)、アキヴァ・ゴールズマン(『ビューティフル・マインド』『シンデレラマン』など脚本)、ピクサー・アニメーション・スタジオの脚本チーム(『トイ・ストーリー』『ファインディング・ニモ』など)などだ。ほかにも、ジェーン・カンピオン、ジェフリー・ラッシュ、メグ・ライアン、ロブ・ロウ、デヴィッド・ボウイなど、とうてい数えきれない。——(8)

　マッキーの指導を受けた者たちは、物語や劇的なるものに対する彼のあまりにも鋭く、あまりにも深い分析に敬意を表して、師を「現代のアリストテレス」と呼ぶという。そのマッキーが書いた前著『ザ・ストーリー』は、豊富な具体例に基づいて作劇術の基本から応用までを徹底的に論じた名著で、脚本家やその予備軍をはじめ、小説・演劇なども含めたあらゆる創作に携わる人々にとって、多くの国でバイブルとされてきた。——(2)

　本書『ダイアローグ』はマッキーの２番目の著書であり、ストーリーを作るうえでとりわけ重要な要素であるダイアローグ(会話、台詞)に特化して書かれている。とはいえ、読了なさった人ならおわかりのとおり、ストーリーとダイアローグと人物造形は密接にかかわっていて、けっして切り離して考えられるものではないため、本書は前著に劣らず、作劇術全体についての秀逸な論考でもある。論を進めるにあたっては、映画、テレビ、演劇、小説という４つの媒体の相違を踏まえ、それぞれから選んだいくつもの作品の多角的な分析によって、すぐれたダイアローグとはどんなものか、そしてすぐれたフィクション作品とはどんなものかという問題について、その輪郭をみごとに浮き彫りにしつつ、明確な答えを導き出している。
——(2)、(3)、(7)

　たとえば、サスペンス型・蓄積型・均衡型といった台詞の構造の分析や、シーンを細かい部分(ビート)に刻んでアクション／リアクションや価値要素の変化を観察していく考え方などは、従来はなんとなく感覚的にとらえられてきた「よい台詞」「悪い台詞」の相違をきわめて論理的に可視化したもので、本書の白眉と言えるだろう。作品がどうやったらおもしろくなるか、つまらなくなるかが手にとるようにわかり、読んでいてこの上なく

第3部　文芸翻訳の現場

痛快である。――(4)

　本書はもちろん、シナリオや劇作や小説創作の仕事に携わる人や携わりたい人にとって有用なガイドブックとなるにちがいないが、効率的でわかりやすい文章を書きたい人や説得力のある話術を身につけたい人などにとっても、きっと役立つだろう。また、映画、テレビ、演劇、小説をより深く楽しみたい人にとっても、新たな視点をいくつも与えてくれるはずだ。――(5)

　なお、原文が英語の文法や語彙についてくわしく言及している個所も少なからずあったが、翻訳にあたっては、あまりに日本語の論理とかけ離れた記述の場合は、日本語の実情に見合った表現に適宜改変したことをご了承いただきたい。――(9)

　映画『アダプテーション』には、ブライアン・コックス演じるシナリオ講師ロバート・マッキーが登場し、セミナーで情熱的に語るシーンもある。マッキーは70代半ばを越えたいまも精力的に活動し、各地で作劇の指導をつづけるかたわら、つぎの著書の執筆にも取り組んでいるらしい。日本でもその話を直接聞ける日が訪れることを祈っている。――(8)、(10)

――――――

　最初に言及した『レーン最後の事件』のあとがきも、基本的には同じ姿勢で、個人的な体験を交えながらもあくまで客観的な紹介者の立場を逸脱しないつもりで書いていましたが、最後の最後に、一読者としての思いっきり個人的な告白をしてしまいました。もしそれが読んだ人たちの心に響いたのだとしたらうれしいかぎりですし、それがあの4部作が後世まで読み継がれていく一助となったなら、訳者として本望です。

　翻訳者はひとつの長編作品と何か月も付き合うので、程度の差こそあれ、どんな作品にも大きな愛着があるものです。**あとがきはその仕事の総まとめと呼ぶべきものですから**、しっかり取り組みたいものです。

7 | 文芸翻訳者の心構え

最終章では、文芸出版に携わる翻訳者として、いま自分が心がけていること、そしてみなさんにもいずれ心がけてもらいたいことを箇条書きで紹介します。

(1) 翻訳にはスキルが必要であることを伝える。

翻訳の仕事をしていると、事情にくわしくない周囲の人々がさまざまなことを言ってきます。「英語ペラペラなんでしょ。辞書なんか引くの？」「外人から英語の手紙が来たんだけど、ちゃちゃっと返事書いてくれない？」「え、3年も学校かよって、まだ本出してないの？」「ただ訳せばいいだけなのに、何が大変なの？」などなど。

こういうとき大事なのは、いくつかの質問に対して自分なりの明確な答を用意しておくことです。調べ物などでどれほど手間がかかり、どんなスキルが必要で、それに対する報酬がどの程度かということを、少なくても身近な人には伝え、理解してもらいましょう。**翻訳という仕事に対する無理解を嘆くだけでなく、筋道立てて説明することをしないと、ただ軽んじられるばかり**です。その際、翻訳者側の論理だけで物を考えるのではなく、**読者やクライアントの論理でもいったん考えてみる**と、説明しやすくなると思います。

(2) 謙虚になりすぎない。

翻訳の仕事をしている人の多くは、自己主張があまり強くなく、温厚で控えめなタイプに属します。それは悪いことではないし、わたしもそういう世界に属していて居心地がいいです。謙虚であることはとても大事です。

ただ、同業者の先輩・後輩のあいだや、編集者などの業界人に対しては徹頭徹尾それで通してかまいませんが（というより、そうあるべきですが）、一般の読者に対しては、特に本が出ている人の場合、ぜったいに謙虚になりすぎてはいけません。まわりの新人・駆け出しの翻訳者で、しばしばそういう例を見かけるので、これは声を大にして言いたいことです。

読者から見れば、いま読んでいる本の翻訳者がベテランだろうが新人だろうが、そんなことはなんの関係もありません。原則として翻訳書は1社による版権独占ですから、1冊の本の翻訳者は日本にひとりしかいないのです。つまり、読者は訳者を選べません。そのただひとりの翻訳者が「わたしは新人に毛が生えたぐらいですから」とか「まだ勉強中の身で、至らないことも多いと思いますが」などと気弱そうに言うのを聞いたら、読者はどう思うでしょうか。訳者が必要以上に卑下するのは、読者に対しても、**作者に対しても、その本の翻訳をまかせてくれた出版社に対しても、きわめて失礼です。**

　謙虚にふるまうこと自体はもちろん美徳ですが、訳者はその作家や作品の魅力を日本語で紹介する権利を持つ唯一の人間なのですから、ぜひそれだけの誇りを持って堂々と発言してもらいたいと思います。自慢しろとか、恰好をつけろというのではなく、**その本を訳すために最大限の努力をしてきたことや、スキルが必要であること**をきちんと伝えましょう。結局のところ、それが翻訳出版の世界を盛りあげることにつながっていくのですから。

(3) 質の低下に加担しない。

　たとえば、翻訳出版に慣れていない新興の版元が、とんでもない短期間で本を作って出そうとすることがときどきあります。通常の文庫400ページ程度の長編小説であれば、3か月程度の翻訳期間が必要なものですが、それがわからないまま、1か月とか、ひどい場合には1、2週間でなんとかならないかと依頼してくるケースもあり、もちろんわたしはその手の依頼をすべてことわっています。

　しかし、個人の翻訳者がつぎつぎ辞退しても、一部の翻訳会社などが何人もの（ときには何十人もの）登録翻訳者を搔き集めて、そういう無茶な納期の仕事を突貫作業で引き受ける場合もあります。不慣れな出版社のほうは渡りに船とばかりにそちらに依頼して、やがて曲がりなりにも訳書が出ます。めでたしめでたしと言いたいところですが、そういう場合、まとめ役の人間がよほど優秀でなければ、その訳書は読むに耐えない代物になることはまちがいありません。

翻訳学習者からすれば、プロへとせまき門をくぐらなくてはいけないこの業界で、少しでもキャリアアップのチャンスを生かしたくてそういう無茶な共同作業を引き受けるのでしょうし、その気持ちはわからなくもありませんが、そんなふうにして世に出た本の多くは、結局のところ「翻訳書は読みづらい」という評判をさらに増してしまうことになり、それが繰り返されれば、翻訳書がますます売れなくなって、自分で自分の首を絞めるだけです。どうか大局的に物を見て、慎重に行動してもらいたいと思います。要は、**自分が読みたくないような質の低い訳書を世に出すことに加担してはいけない**ということです。

(4) **多少無理をしてでも、締め切りを守る。**
　(3) と矛盾するようですが、逆に出版社の立場に立ったとき、けっして売り逃せない企画もあります。急に映画の公開が決まった作品や、ノーベル賞をとった人の自伝を翻訳出版したいときなどは、旬の時期を逃すわけにはいきません。そういう仕事の依頼が来た場合、翻訳者として大事なのは、**自分の限界はどこなのかを見きわめる**ことです。いままで100パーセントと考えていた量より2割増し、3割増しぐらいまでは可能でしょうが、いきなり2倍となるとまず無理です。明らかに限度を超えていればことわるしかありませんが、翻訳出版界全体のためにも、少々の無理をするのはやむをえないでしょう。版元が翻訳者の事情に理解があるかどうかも、引き受けるかどうかの判断材料になります。
　(3) と (4) のバランスを保つのはむずかしいことですが、翻訳者がつねに考えていなくてはいけない問題です。

(5) **翻訳書の読者を増やすために、自分なりにできることをする。**
　これから翻訳者として仕事をはじめよう、という多くの人たちのなかで、どうやったら自分がデビューできるかだけを考えている人に、わたしは興味がないし、付き合いたいと思いません。そもそも、それだけを考えている人にとっては、いまの出版翻訳業界はなんの楽しみもない世界でしょう。海外の作品をひとりでも多くの人に読んでもらうにはどうしたらいいか、

第3部　文芸翻訳の現場

自分に何ができるかを考えていった先に仕事はあるものでしょうし、そのことが翻訳技術の向上にもつながっていくはずです。
「売れないから買ってくれ」と言われて、物を買いたくなるような人はほとんどいません。仮に同情で買ってくれたとしても、一度か二度きりのことであり、長つづきすることは稀です。海外の作品をもっと読んでもらいたければ、その魅力をひたすら紹介し、多くの人が「読まなきゃ損」と感じるようにするしかありません。
そのためには、何がどうおもしろいのかを短い時間、少ない字数で説明する訓練が必要でしょう。ビブリオバトルなどの形でそれを鍛えていくのも一興ですが、もともと興味のない人が話を聞いてくれるのはせいぜい1分なので、わたしはときどき生徒たちが1分から2分でプレゼンテーションをする場を作ったりしています。
そんなふうに、**つねに前向きでいるほうが、仕事や勉強をしていて楽しいし、よい結果が得られやすくもなる**と思います。

(6) 読者・作者・編集者など、相手の立場で考える。
読者や作者の立場に立つのは、おもに訳文作りの際に必要な姿勢ですが、本を売っていく際にも、翻訳者は海外の作家と日本の読者の橋渡しをする要の立場にある人間として、何をすべきかをつねに考えていたいものです。最近はSNSなどで読者とも作者とも直接コンタクトをとりやすくなっていて、これには功罪両面がありうると思いますが、そこにある程度の時間を効率よく向けることは、いまの時代には避けられないでしょう。
編集者との関係で言えば、編集者がいちばんきらいなタイプの翻訳者は、言うまでもなく「**締め切りを守らない人**」です。そのつぎはおそらく「**表記の統一ができない人**」でしょう。もちろん、「誤訳の多い人」や「文章のへたな人」もだめですが、訳稿そのものがいつ届くかわからない人がいちばん不安を与えるのはまちがいありません。
では、編集者が好きなタイプの翻訳者はどういう人でしょうか。上記とは反対の、締め切りを守って、表記の乱れがなく、誤訳が少なくて文章がうまい、という以外の条件があるとしたら、「**いっしょに本を作って売って**

いくパートナーとして楽しい人」ではないかとわたしは思います。楽しいというのは、何度も飲みに行ったり、趣味が一致したりということだけでなく、相手の仕事のしかたをよく知って、ときには不得意な部分をさりげなくカバーする、ということでもじゅうぶんで、ゲラへのちょっとした書きこみや気づかいのメールなどでも工夫できます。要は**相手に快適な仕事をさせてあげる**ということです。そのためにも、編集者の立場に立って物を考えると、結局のところ、自分も仕事がしやすくなります。

(7) 翻訳の仕事をする目的を明確にする。
　(1) の「翻訳にはスキルが必要であることを伝える」とも通底しますが、翻訳の仕事を快適に進めていくには、翻訳とはどういう仕事であるのかを周囲によく知ってもらうしかありません。そのためには、自分が翻訳の仕事をする目的を明確に言語化して、尋ねられたときにそれを簡潔に答えられるようにしておく必要があるでしょう。

　わたしの場合は、「海外の作品は、読む人の視野を確実に広げるから、つねにそれを紹介する担い手でありたい」と答えることにしています。文芸翻訳者の最も重要な仕事は、多様性を紹介し、多様なものを受け入れやすくすることだと思います。そういうものを知って、視野が広まれば広まるほど、つまらない差別意識は生じにくくなるからです。フィクションであれノンフィクションであれ、それについては同じでしょう。そして、そういう仕事を毎日つづけていけることをありがたく感じています。

　みなさんには、それぞれ自分の答があるでしょう。ぜひそれを周囲に伝えていってください。

　以上、いろいろときびしいことも書きましたが、海外の文化を日本に伝える翻訳という仕事には、大きな責任がともないます。**文化の土台を築くプロセスの一端を担っている**と言ってもいい。そして、だからこそこれは長くつづけるに値する仕事です。道のりは長いかもしれませんが、堂々と誇りを持って、心から楽しみながら勉強をつづけていってください。

《コラム３》
特別インタビュー
「読者とつながり、書店を巻きこむ」

> このインタビューは2015年の秋におこなわれたもので、聞き手の佐藤千賀子さん（編集プロダクションのリリーフ・システムズのスタッフ）には、わたしが翻訳学校の生徒だったころからお世話になっています。小説の翻訳者として、わたしは読者層をひろげるためにいろいろな試みをしていますが、その一端を知ってもらいたくて、ここに採録します。

——**いまは、ほんとうにさまざまな活動にかかわっていらっしゃいますね。**

　自分にとっては、翻訳技術を伝えていくことと、翻訳書の読者を増やすことというふたつのテーマがあるんですが、どちらを優先するかというと、いまは後者のほうに重点が移っています。

——**越前さんがデビューしたころって、翻訳バブルはもう終わっていたとしても、いまよりはずいぶん明るい状況……でした？**

　初版部数の話をするといちばんわかりやすいんですね。ぼくがデビューしたころというのは、文庫の初版部数が２万を切った版元が出て、びっくりされていた時代です。当時は２万５千部程度があたりまえだったから、「１万８千？　えーっ、そんな少ないの?!」って驚いていた。その後、2002年にぼくの訳した『飛蝗の農場』が１万２千部で出たとき、創元推理文庫史上いちばん少ないというので、話題になったんです。じゃあ、いまはどうかというと、翻訳小説の文庫は「初版１万なら、いいほう」という状態。２万を切って驚いていたころの、さらに半分になっているんですね。

ただ、原則として、あまり「売れない」「売れない」と言うのはよくないと思うんですよ。読者にそれを言ったら、ますます売れなくなるだけですから、とにかく翻訳小説のおもしろさを伝えていく……そういう形しかないと思っています。海外の作品のどこがどうおもしろいのか——いろいろな角度から翻訳者が話せることはあると思うし、翻訳秘話を喜んでくれる人はけっこういるんですよね。

—— **その意味で、先ごろ主催なさった東江さんの追悼イベント（ことばの魔術師　翻訳家・東江一紀の世界）は、かなり手応えがあったのでは？**

　東京、大阪、札幌でやって、合計300人以上来てくれたのですが、そのうち100人以上は、業界とは無関係な一般読者だったんですね。一般の人が「おもしろかったから、彼氏連れてもう一度来てもいいですか？」って言ってくれた。

—— **どういう経緯であんなすばらしいイベントができあがったんですか？**

　まず大阪で決まったんです。以前から紀伊國屋書店グランフロント大阪店でよくトークイベントをやっていたので、「つぎ、何をやろうか」「東江さんのこと、何かやりたいんだけど」「それなら半年後の一周忌に合わせたらいいんじゃないか」という感じで、話が進んだんです。大阪でやるなら当然、東京もやらなきゃおかしいので、まず東江門下の人たちに話を持っていったんですね。手伝ってくれたなかに文京区の「不忍ブックストリート」で古本市などの活動をしていた人がいて、そのつてで会場が決まり、地元の往来堂書店とのタイアップもうまくいった。東京・大阪という柱が決まったところで、こんどは全国の読書会に「同時期に東江さんの訳書を課題書にできないか」と呼びかけたんです。多摩南、札幌、仙台、大阪の読書会が応えてくれて、そんな感じにとんとん拍子で運んでいった。

第3部　文芸翻訳の現場

――越前さんを中心に翻訳家と書店と読書会がつながった。

　書店に関しては、ちょっと前に丸善津田沼店から全国へ展開していった「はじめての海外文学フェア」〔*1〕というのがあってね。僕も選書人のひとりだったのですが、これが、書店チェーンの枠を越えた動きだったんですね。このフェアの仕掛け人だった書店員さんに「こんど、東江さんのフェアをやるんですけど」って声をかけたら、青山ブックセンターの本店やジュンク堂の池袋本店を紹介してくれた。丸善博多店にも東江さんのファンだという書店員さんがいて、フェアを一生懸命やってくれました。

――個人的に海外文学が好きな書店員さんは、翻訳書の棚がどんどん減っていく現状に複雑な思いをいだいているでしょうから。

　なかなかむずかしいけど、こちらからおもしろい企画を持っていけば、動いてくれることもあるので、書店とタイアップした読書会とか、いろいろ考えています。

――そもそも読書会って、どんなふうに成り立っているんでしょう？　だれか中心となる人がいて、まとめているんですか？

　各地に世話人がいて、プロの翻訳家や書評家がやっているところもあるし、一般人がやっているところもあります。翻訳ミステリー大賞シンジケートが後援する読書会は、いま全国約20か所にあり〔*2〕、それぞれ3か月に1度ぐらいのペースで開催しているので、毎週どこかでやっている感じですね。各地バラバラに運営しているんだけど、ツイッターを通じてすごく仲よくなっているから、どこかが「読書会やるぞー」って告知すると、

〔*1〕「はじめての海外文学フェア」は、2018年現在でも開催中。翻訳者20名以上によるトークイベントや読書会もおこなわれています。

〔*2〕2018年春の時点で、30か所近くで開催中。

別の会の人たちもなんだかんだ、いっしょに騒いでくれるんですよ。終わって、サイトに報告記事が載ると、それについて、ちがう地方の人がツイートして、また盛りあがる。

── 事前に課題書を読んでいって、それについて語り合うんだろうなあというのは想像できるのですが。

　たとえば福島読書会は「翻訳ミステリーの ABC から XYZ まで」と題して、アルファベット順に課題図書を選んでいます。『ABC 殺人事件』からスタートし、最後は X・Y・Z の悲劇になるわけですね。最近すごかったのは、名古屋の読書会有志。「日本一高いところで読書会をやろう」ということで、10 人ぐらいが富士山頂まで登って、読書会をやっていた。課題書は、ボブ・ラングレーの『北壁の死闘』。

── すごい臨場感……!!　やっぱり、本を読む人たちっておもしろい。

　岐阜の会は、鵜飼つき読書会なんかやっています。こういう"変なヤツら"が助けてくれるんです。「なんで鵜飼やりながら読書会やるんだ？」「よくわかんないけど、なんか変なことやっているらしいぞ？」って、読書会に来たことがない人も注目してくれるし、参加しないまでも、その作品に興味を持って、読んでくれることはある。

── いや、よくぞここまで……!!　このネットワークは少しずつ各地に波及していったわけですか？

　もともと東京の読書会があったんです。でも、素朴な疑問として「東京だけで盛りあがるのもどうかな。地方でもやるべきじゃないか」と思って、いろいろな人に頼んだりしながら、2011 年 1 月に福岡と大阪で発足したんです。そのころは、ここまでひろがるとは思ってなかったんだけど、「ほかにもやるところ、ありませんか？」と呼びかけていたら、3 月に大震災があっ

第3部　文芸翻訳の現場

たというのに、なんとその年の夏に福島から「やりたい」というメールが来たんです。しかも、それが一般人による最初の読書会になった。それから4年で20か所まで増えました。

──読書会はむしろ地方の人たちこそ求めていたのかもしれないですね。
　そうなんです。だから翻訳者が参加したりすると、ものすごく歓迎してくれます。ぼくは年に5，6回、地方の読書会に出るんですが、毎回のように会う人がいるんですね。日本じゅうの読書会をまわっている常連が、ぼくが知っているだけで3，4人いますよ。

──ただ読むだけでなく、何かを共有できる喜びが大きいのかしら。
　特にミステリー小説の場合、ネタばれを気にせずに、いくらでもしゃべっていいというのは、すごくストレス解消になるんですよ。それと、やっぱりね、本好きの人がまわりにいないから、そういう機会に発散している。どこへ行っても、それは感じます。

──そうか。同じ熱量の人じゃないと話にならないから。
　そうそう。だからって、あまり暴走しちゃうと、こんどは初心者がはいっていけなくなる。なんというか、いわゆる"頑固親父"みたいな人もいるんですよ。それもね、接し方しだいなんです。攻撃的な人では困るんですけど、ちょっと面倒見がよすぎるぐらいの、お節介な人がいてくれると、すごく会が盛りあがる。戦前の原書を持っているような人が各地にかならずひとりかふたりいますし、ミステリー研究会にはいっているような若者もいて、それほどくわしくない人もいて、みんないっしょに楽しんでいる……というのが理想なんですね。若い子はつぎに友達を連れて来てくれるから、男女問わず若い人が増えていくといいなとは思いますね。

——この人たちのために、この作品を出版しようという流れにもなるでしょうし。

　読書会の数がもっと増えて、たとえば100か所になったときには、マーケットが動くかもしれません。こちらはミステリー専門だけど、別のジャンル——たとえばSFや純文学でも、こういうことをやる人たちが増えればいいと思います。本の部数を動かすためには、まだ「ひと桁足りない」という状態ですけど、手応えはありますよ。それはたしかに。

　——なるほど。だいぶ明るい気持ちになってきました。もうひとつ、越前さんはもっと若い読者を育てる活動もつづけていらっしゃいます。それが小学生を対象にした読書探偵作文コンクール。

　これは、小学生にもっと翻訳書を読んでもらいたいということと、決まりきった読書感想文ではない自由な形で書いてもらいたいという、ふたつの趣旨ではじめて、今年で6回目になります。〔*3〕

　——過去の優秀作品を見せていただいたんですが、『チョコレート工場の秘密』を読んだ子が「自分のチョコレート工場をつくるとしたら」って不思議なお菓子をたくさん考案していたり、昆虫大好きな子が「天国のファーブルさんへ」という手紙を書いていたりして、読書にはこんな楽しみ方があるんだなって、あらためて思いました。

　ファーブルについて書いた子は3年連続で応募してくれていて、その子が3年間でどう変わったかわかるのが、すごくおもしろいんです。

〔*3〕2017年に第8回を開催。2018年春の時点で、第9回を準備中。

――課題図書がなくて、「翻訳書ならなんでもいい」という自由さがいいですね。

　ほんとうは、「翻訳書だけ」という条件をつけるのも、理想とは言えないんです。わざわざ意識しなくても、おもしろい本を選んだら、10作のうち3つか4つが外国のものだったというのが、自然な形であってね。でも、国語教材のなかで外国もののウェイトは減っているし、極端な話、小学校高学年でも、メアリーが男なのか女なのかわからない子がいたりする。つまり、それほど海外の作品を読んでいないんですね。

　いずれは中高生までひろげたいと思っています。そうなると審査は大変だけど、このコンクールも、応募者がもうひと桁増えると、影響力を持てるかもしれない。優秀賞を集めた文集を出版できないものかと、いま、いろいろ働きかけているところです。〔*4〕

〔*4〕第8回から中高生部門も開催。また文集は、2017年にクラウドファンディングを利用して『外国の本っておもしろい！』という名で出版されています。

おわりに

　文芸翻訳への取り組み方に関する本を書いたのは、実は本書が２回目です。2011年に出版された『越前敏弥の日本人なら必ず悪訳する英文』（ディスカヴァー携書）が最初で、このときも翻訳技術のいろいろな側面についてかなりくわしくまとめることができたと思っています。ただ、これは語学学習者全般を対象とした『越前敏弥の日本人なら必ず誤訳する英文』（同）の続編でもあったため、仕事としての文芸翻訳にともなう諸問題にまではほとんど言及できませんでした。

　今回、研究社から新たな著書についてのご提案をいただいたとき、まず感じたのは、英文の読解法や翻訳技術だけでなく、シノプシスの書き方や企画の持ちこみ方、さらには文芸翻訳の仕事や勉強に取り組む心構えまでを網羅する入門書を作りたいということでした。というのも、これまで翻訳学校やカルチャーセンターなどで長く教えてきた経験から感じることですが、文芸翻訳の初学者の多くが、この仕事を単なる「英語の勉強の延長」ととらえ、「文学作品を紹介する仕事」であるという意識があまりないようだからです。

　本書では、職業としての文芸翻訳にまつわる問題も含めて、訳文・シノプシス・あとがきなどの具体例を多く取りこみつつ、かなり深いところまで踏みこんで書きました。また、７年前と現在とで、自分の考えが（少しだけですが）変化した部分もできるかぎり反映させたつもりです。

　全体の構成や章立てなどについても、わたしの好みやこだわりを隅々まで生かしてもらいましたが、実を言うと、わたしがいちばんこだわったのは、本書のタイトルです。本文中にも再三書いたとおり、わたしは翻訳の

一段階前とされる英文和訳の技術習得において、伊藤和夫先生の授業と著書から数えきれないほど多くを学びました。その伊藤先生の歴史的名著『英文解釈教室』への謝意を捧げたくて、「教室」で終わる6文字のタイトルをなんとしてもつけたかったのです。そんなわがままな著者の意見を聞き入れてくださった研究社のみなさんに、まずはお礼を申しあげます。
　もっとも、ただの『翻訳教室』ではなく、『文芸翻訳教室』というタイトルにしたかったのには、別の理由もあります。最終章の「文芸翻訳者の心構え」のなかで、わたしは「なぜ翻訳をしたいのかを明確にする」ことが必要だと書きましたが、昨今の世相を見るにつけ、それ以前にまず「なぜ文芸（あるいは文学、人文）にかかわりたいかを明確にする」必要があるのではないかと痛感しています。「本が好きだから」ではいけないのか、と言われそうですが、むろんそれはまぎれもない正解ではあるものの、インターネットの普及や電子書籍の登場によって本そのものの定義が大きく揺らぎ、その一方で人文教育不要論や文学部廃止論がまことしやかに大声で語られるこの時代に、それだけでは不十分だと言わざるをえません。
　なぜ文学が必要かと問われたら、いまのわたしは、豊かな想像力を培うものだから、と答えます。想像力は創造力の土台です。何年か前から世間でよく目にする幼稚な差別や思考停止同然の不寛容は、想像力の欠如ゆえのものと断じてかまわないでしょう。核のボタンを押す手をとどめる最後の砦も、この地球の生きとし生けるものに対する想像力です。文学・文芸・人文の喚起する想像力と、そこから生み出される創造力がなければ、まちがいなく科学も技術も痩せ細ります。
　文芸翻訳とは、世界じゅうから選りすぐった貴重なことば、力強いことばの数々を母国語で人々に伝える仕事です。そこに満たされた有形無形のメッセージを正確に読みとり、咀嚼し、多数の読者に伝えるためには、語学としての外国語に習熟しているだけでなく、文芸作品を紹介するためのさまざまな技術が必要ですが、それらを一朝一夕に身につけることは不可能で、ときにはこれまでの文学体験、さらには人生経験のすべてをぶつけてようやく得られる場合もあります。本書をていねいに読みこんだからといって、文芸翻訳にまつわる何もかもを一気に解決できるわけではありま

せんが、さらなる高みをめざすための手がかりはいくつか提示できたと信じています。

　この本を書き進めていくにあたって、文芸翻訳の技術に関するルールをできるかぎり体系化したいと考えていましたが、いざ取り組むと、説明しきれないことや矛盾することにもしばしば出くわしました。本文中でも紹介した不世出の名翻訳者・東江一紀さんは、かつてあるエッセイのなかで、文芸翻訳とは「アナーキーな、フレキシブルな、非体系的な、臨床的な芸能」であり、「至るところで、臨機応変の処置、緊急避難、綱渡り的解決といったその場限りの力業が要求される」ので、「そういう局面でこそ、例えば、人生経験が生きてくる。読書の蓄えが生きてくる」と書いていらっしゃいます。完璧がありえない、終着点のない道だからきびしいのですが、だからこそ楽しいとも言えます。わたし自身、文芸翻訳の勉強をはじめてからすでに20数年経ちましたが、わからないこと、判断に迷うこと、はじめて知って驚くことには毎日のように遭遇し、むしろずっと増えつづけているくらいです。これほどまでに頭脳のあらゆる領域を駆使し、ときにはそこかしこへ足を運んだり、五感を使って調べ物をしたりして、豊かな時間を過ごせる仕事はほかにないかもしれません。みなさんもぜひ、文芸翻訳の奥深さを、末長くじっくり楽しんでいってください。

　この本を作るにあたっては、多くのかたがたのお力添えがありました。

　執筆を勧めてくださり、さまざまな局面で後方支援をしてくださった研究社編集部の金子靖さんと、研究社の各担当者のみなさん、さらには、ていねいに原稿をチェックしてくれた新人翻訳者の山田文さん。

　かつて雑誌やウェブサイトなどに掲載した原稿の加筆転載を快諾してくださった、《通訳・翻訳ジャーナル》《翻訳事典》《CNN ENGLISH EXPRESS》《週刊ST》《DOTPLACE》《リリーフ・システムズ》の関係者のかたがたや、原文・訳文の使用を認めてくださった各版元の関係者のみなさん。

　そして、数かぎりない質問や指摘によって、わたしの文芸翻訳論を直接間接に形作ってくれた、生徒や読者やトークイベント参加者のみなさん。

その場をつねに提供してくださっている朝日カルチャーセンターの関係者や各トークイベント主催者のみなさん。

この場を借りて、すべての人たちにお礼を申しあげます。

2018年1月30日
最初に訳した作品が載った短編集の刊行からちょうど20年経った日に
越前敏弥

【ほかの著書について】

英文読解や文芸翻訳に関するわたしの著書は、現時点でこの『文芸翻訳教室』のほかに4冊あります。以下に内容の概略を記すので、参考になさってください。

・『翻訳百景』（角川新書）
　文芸翻訳の仕事のさまざまな側面を一般向けに紹介した読み物。まず最初に読んでもらいたいのはこれ。
・『越前敏弥の日本人なら必ず悪訳する英文』（ディスカヴァー携書）
　文芸翻訳の技術上の諸問題を初学者向けに解説。翻訳の演習をさらにつづけていきたい人にお勧め。
・『越前敏弥の日本人なら必ず誤訳する英文』『越前敏弥の日本人なら必ず誤訳する英文・リベンジ編』（ともにディスカヴァー携書）
　日本人が苦手とする英文を集めて、誤読・誤訳の原因を徹底的に解明。翻訳にかぎらず、すべての語学学習者向き。

越前敏弥　著書・訳書一覧

2018年3月現在

【著書】

2009年　2月　『越前敏弥の日本人なら必ず誤訳する英文』　ディスカヴァー携書

2011年　2月　『越前敏弥の日本人なら必ず悪訳する英文』　ディスカヴァー携書

2014年　3月　『越前敏弥の日本人なら必ず誤訳する英文　リベンジ編』　ディスカヴァー携書

2016年　2月　『翻訳百景』　角川新書

【長編訳書】

1999年　1月　『惜別の賦』　ロバート・ゴダード、創元推理文庫
　　　　　4月　『鉄の絆』（上・下）　ロバート・ゴダード、創元推理文庫
2000年　2月　『デッドエンド』　マイクル・レドウィッジ、ハヤカワ文庫ＮＶ
　　　　　4月　『氷の闇を越えて』　スティーヴ・ハミルトン、ハヤカワ・ミステリ文庫
　　　　11月　『他言は無用』　リチャード・ハル、創元推理文庫
2001年　1月　『ウルフ・ムーンの夜』　スティーヴ・ハミルトン、ハヤカワ・ミステリ文庫
2002年　3月　『死の教訓』（上・下）　ジェフリー・ディーヴァー、講談社文庫
　　　　　　　『飛蝗の農場』　ジェレミー・ドロンフィールド、創元推理文庫
　　　　　5月　『狩りの風よ吹け』　スティーヴ・ハミルトン、ハヤカワ・ミステリ文庫
2003年　1月　『石に刻まれた時間』　ロバート・ゴダード、創元推理文庫
　　　　　　　『ボーイ・スティル・ミッシング』　ジョン・サールズ、アーティストハウスパブリッシャーズ
　　　　10月　『天使と悪魔』（上・下）　ダン・ブラウン、角川書店
　　　　　　　　　2006年06月に文庫化（上・中・下）、角川文庫
　　　　　　　　　2006年12月にヴィジュアル愛蔵版刊行、角川書店
2004年　2月　『天使の遊戯』　アンドリュー・テイラー、講談社文庫

		『父さんが言いたかったこと』 ロナルド・アンソニー、新潮社
	5月	『ダ・ヴィンチ・コード』（上・下） ダン・ブラウン、角川書店
		2005年08月にヴィジュアル愛蔵版刊行、角川書店
		2006年03月に文庫化（上・中・下）、角川文庫
		2006年11月に特製革装ヴィジュアル愛蔵版刊行、角川書店
2005年	1月	『天使の背徳』 アンドリュー・テイラー、講談社文庫
	4月	『デセプション・ポイント』（上・下） ダン・ブラウン、角川書店
		2006年10月に文庫化（上・下）、角川文庫
	7月	『弱気な死人』 ドナルド・E・ウェストレイク、ヴィレッジブックス
	9月	『さよなら、コンスタンス』 レイ・ブラッドベリ、文藝春秋
	10月	『サルバドールの復活』（上・下） ジェレミー・ドロンフィールド、創元推理文庫
2006年	2月	『天使の鬱屈』 アンドリュー・テイラー、講談社文庫
	4月	『パズル・パレス』（上・下） ダン・ブラウン、角川書店【熊谷千寿共訳】
		2009年3月に文庫化（上・下）、角川文庫
		『「ダ・ヴィンチ・コード」誕生の謎』 ライザ・ロガック、角川書店【佐藤桂共訳】
	5月	『映画ダ・ヴィンチ・コード オフィシャル・ムービー・ブック』 アキヴァ・ゴールズマンほか、角川メディアハウス【青木創共訳】
		『ダ・ヴィンチのひみつをさぐれ！ ねらわれた宝と7つの暗号』 トーマス・ブレツィナ、朝日出版社【熊谷淳子共訳】
	8月	『さよならを告げた夜』 マイクル・コリータ、早川書房
	10月	『容疑者』（上・下） マイケル・ロボサム、集英社文庫
	12月	『死の開幕』 ジェフリー・ディーヴァー、講談社文庫
2007年	5月	『ゴッホの宝をすくいだせ！ 色いろ怪人と魔法の虫めがね』 トーマス・ブレツィナ、朝日出版社【田中亜希子共訳】
	7月	『ミッドナイト・キャブ』 ジェイムズ・W・ニコル、ヴィレッジブックス
2008年	1月	『運命の書』（上・下） ブラッド・メルツァー、角川書店

		2010年3月に文庫化（上・下）、角川文庫
	2月	『検死審問　インクエスト』　パーシヴァル・ワイルド、創元推理文庫
	6月	『ミケランジェロの封印をとけ！』　トーマス・ブレツィナ、英治出版【生方頼子共訳】
	7月	『還らざる日々』（上・下）　ロバート・ゴダード、講談社文庫
2009年	1月	『Xの悲劇』　エラリー・クイーン、角川文庫
	3月	『検死審問ふたたび』　パーシヴァル・ワイルド、創元推理文庫
2010年	3月	『ロスト・シンボル』（上・下）　ダン・ブラウン、角川書店
		2012年8月に文庫化（上・中・下）、角川文庫
	9月	『Yの悲劇』　エラリー・クイーン、角川文庫
	11月	『SIX-WORDS　たった6語の物語』　スミス・マガジン編、ディスカヴァー・トゥエンティワン
2011年	3月	『夜の真義を』　マイケル・コックス、文藝春秋
		2013年9月に文庫化（上・下）、文春文庫
		『Zの悲劇』　エラリー・クイーン、角川文庫
	9月	『レーン最後の事件』　エラリー・クイーン、角川文庫
	12月	『解錠師』　スティーヴ・ハミルトン、ハヤカワ・ポケット・ミステリ
		2012年12月に文庫化、ハヤカワ・ミステリ文庫
2012年	8月	『チューダー王朝弁護士シャードレイク』　Ｃ・Ｊ・サンソム、集英社文庫
	10月	『ローマ帽子の秘密』　エラリー・クイーン、角川文庫【青木創共訳】
	11月	『逆転立証』（上・下）　ゴードン・キャンベル、ＲＨブックス＋プラス
	12月	『シートン動物記　オオカミ王ロボ　ほか』　シートン、角川つばさ文庫
		『フランス白粉の秘密』　エラリー・クイーン、角川文庫【下村純子共訳】
2013年	3月	『オランダ靴の秘密』　エラリー・クイーン、角川文庫【国弘喜美代共訳】
	6月	『ギリシャ棺の秘密』　エラリー・クイーン、角川文庫【北田絵里子共訳】

	7月	『氷の闇を越えて（新版）』 スティーヴ・ハミルトン、ハヤカワ・ミステリ文庫
	8月	『暗き炎』（上・下） Ｃ・Ｊ・サンソム、集英社文庫
	9月	『おぎょうぎのわるいピート』 ベス・ブラッケン、辰巳出版 『エジプト十字架の秘密』 エラリー・クイーン、角川文庫【佐藤桂共訳】
	10月	『シートン動物記　サンドヒルの雄ジカ　ほか』 シートン、角川つばさ文庫
	11月	『インフェルノ』（上・下） ダン・ブラウン、角川書店 　　　　2015年08月にヴィジュアル愛蔵版刊行、角川書店 　　　　2016年２月に文庫化（上・中・下）、角川文庫
2014年	6月	『アメリカ銃の秘密』 エラリー・クイーン、角川文庫【国弘喜美代共訳】
	7月	『思い出のマーニー』 ジョーン・Ｇ・ロビンソン、角川文庫＆角川つばさ文庫【ないとうふみこ共訳】
	10月	『シャム双子の秘密』 エラリー・クイーン、角川文庫【北田絵里子共訳】
	11月	『支配者』（上・下） Ｃ・Ｊ・サンソム、集英社文庫
	12月	『災厄の町』 エラリイ・クイーン、ハヤカワ・ミステリ文庫
2015年	1月	『チャイナ蜜柑の秘密』 エラリー・クイーン、角川文庫【青木創共訳】
	4月	『シートン動物記　クラッグ　クートネーの雄ヒツジ　ほか』 シートン、角川つばさ文庫 『スペイン岬の秘密』 エラリー・クイーン、角川文庫【国弘喜美代共訳】
	7月	『中途の家』 エラリー・クイーン、角川文庫【佐藤桂共訳】
	8月	『九尾の猫』 エラリイ・クイーン、ハヤカワ・ミステリ文庫
2016年	6月	『ニック・メイソンの第二の人生』 スティーヴ・ハミルトン、角川文庫
	9月	『生か、死か』 マイケル・ロボサム、ハヤカワ・ポケット・ミステリ 　　　　2018年３月に文庫化（上・下）、ハヤカワ・ミステリ文庫 『ゴードン・パークス』 キャロル・ボストン・ウェザーフォード、光村教育図書

2017 年	4 月	『おやすみ、リリー』 スティーヴン・ローリー、ハーパーコリンズ・ジャパン
		『世界文学大図鑑』 ジェイムズ・キャントンほか、三省堂【沼野充義監訳】
	6 月	『鏡の迷宮』 E・O・キロヴィッツ、集英社文庫
		『メアリと魔女の花』 メアリー・スチュアート、角川文庫＆角川つばさ文庫＆角川書店【中田有紀共訳】
	10 月	『ダイアローグ』 ロバート・マッキー、フィルムアート社
2018 年	2 月	『オリジン』（上・下） ダン・ブラウン、角川書店

出典一覧
Acknowledgments

p. 37 *Winter of the Wolf Moon* by Steve Hamilton. Copyright © 2000 by Steve Hamilton

p. 58 From *Lily and the Octopus* by Steven Rowley. Copyright © 2016 by Steven Rowley. Reprinted with the permission of Simon & Schuster, Inc. All rights reserved.

pp. 76-77 *Hand in Glove* by Robert Goddard. Copyright © 1992 by Robert Goddard. First published by Bantam Press, an imprint of Transworld Publishers, a Penguin Random House Group Company.

p. 86 *The Va Dinci Cod* by A. R. R. Roberts (writing as Don Brine). Copyright © 2005 by Adam Roberts. Used by the permission of the Orion Publishing Group, London.

p. 113 *Life or Death* by Michael Robotham. Copyright © 2014 by Bookwrite Pty. First published by Sphere, an imprint of Little Brown Book Group.

p. 96, 104 Excerpts from *The Lesson of Her Death* by Jeffery Deaver. Copyright © 1993 by Jeffery Deaver. Used by the permission of the author. All rights reserved.

p. 122 "Twelve Holidays" adapted from *The Air of Mars and Other Stories of Time and Space* by Vladlen Bakhnov, edited and translated by Mirra Ginsburg. Copyright © 1976 by Mirra Ginsburg.*

p. 136 Extract from *Keep It Quiet* by Richard Hull. Reprinted by permission of Peters Fraser & Dunlop (www.petersfraserdunlop.com) on behalf of the Estate of Richard Hull

※上記のうち*印を付したものは、2018年3月12日付で著作権法第67条の2第1項の規定に基づく申請を行い、同項の適用を受けて利用しています。

著者紹介

越前敏弥(えちぜん　としや)

文芸翻訳家。東京大学文学部国文科卒。訳書にダン・ブラウン『ダ・ヴィンチ・コード』『天使と悪魔』『インフェルノ』、エラリー・クイーン『Xの悲劇』、スティーヴ・ハミルトン『ニック・メイソンの第二の人生』(以上KADOKAWA)、マイケル・ロボサム『生か、死か』、スティーヴ・ハミルトン『解錠師』、エラリイ・クイーン『災厄の町』(以上早川書房)、マイケル・コックス『夜の真義を』(文藝春秋)、ジェフリー・ディーヴァー『死の教訓』(講談社)など多数。著書に『翻訳百景』(KADOKAWA)『越前敏弥の日本人なら必ず誤訳する英文』(ディスカヴァー)など。朝日カルチャーセンター新宿教室、横浜教室、中之島教室で翻訳講座を担当。最近の翻訳書に、ダン・ブラウン『オリジン』(KADOKAWA)、ジェイムズ・キャントン『世界文学大図鑑』(三省堂)、スティーヴン・ローリー『おやすみ、リリー』(ハーパーコリンズ・ジャパン)など。公式ブログ「翻訳百景」。http://techizen.cocolog-nifty.com/

文芸翻訳教室

● 2018 年 4 月 27 日　初版発行 ●

● 著者 ●

越前敏弥

Copyright © 2018 by Toshiya Echizen

発行者　●　関戸雅男
発行所　●　株式会社 研究社
〒 102-8152　東京都千代田区富士見 2-11-3
電話　営業 03-3288-7777（代）　編集 03-3288-7711（代）
振替　00150-9-26710
http://www.kenkyusha.co.jp/

KENKYUSHA

装丁　●　久保和正
組版・レイアウト　●　古正佳緒里
印刷所　●　研究社印刷株式会社

ISBN 978-4-327-45283-4 C1082　　Printed in Japan

本書のコピー、スキャン、デジタル化等の無断複製は、著作権法上での例外を除き、禁じられています。また、私的使用以外のいかなる電子的複製行為も一切認められていません。落丁本、乱丁本はお取り替え致します。ただし、古書店で購入したものについてはお取り替えできません。